DICTIONARY
THEME-BASED

British English Collection

ENGLISH-AFRIKAANS

The most useful words
To expand your lexicon and sharpen
your language skills

5000 words

Theme-based dictionary British English-Afrikaans - 5000 words
By Andrey Taranov

T&P Books vocabularies are intended for helping you learn, memorize and review foreign words. The dictionary is divided into themes, covering all major spheres of everyday activities, business, science, culture, etc.

The process of learning words using T&P Books' theme-based dictionaries gives you the following advantages:

- Correctly grouped source information predetermines success at subsequent stages of word memorization
- Availability of words derived from the same root allowing memorization of word units (rather than separate words)
- Small units of words facilitate the process of establishing associative links needed for consolidation of vocabulary
- Level of language knowledge can be estimated by the number of learned words

Copyright © 2022 T&P Books Publishing

All rights reserved No part of this book may be reproduced or utilized in any form or by any means, electronic or mechanical, including photocopying, recording or by information storage and retrieval system, without permission in writing from the publishers.

T&P Books Publishing
www.tpbooks.com

This book is also available in E-book formats.
Please visit www.tpbooks.com or the major online bookstores.

AFRIKAANS THEME-BASED DICTIONARY
British English collection

T&P Books vocabularies are intended to help you learn, memorize, and review foreign words. The vocabulary contains over 5000 commonly used words arranged thematically.

- Vocabulary contains the most commonly used words
- Recommended as an addition to any language course
- Meets the needs of beginners and advanced learners of foreign languages
- Convenient for daily use, revision sessions, and self-testing activities
- Allows you to assess your vocabulary

Special features of the vocabulary

- Words are organized according to their meaning, not alphabetically
- Words are presented in three columns to facilitate the reviewing and self-testing processes
- Words in groups are divided into small blocks to facilitate the learning process
- The vocabulary offers a convenient and simple transcription of each foreign word

The vocabulary has 155 topics including:

Basic Concepts, Numbers, Colors, Months, Seasons, Units of Measurement, Clothing & Accessories, Food & Nutrition, Restaurant, Family Members, Relatives, Character, Feelings, Emotions, Diseases, City, Town, Sightseeing, Shopping, Money, House, Home, Office, Working in the Office, Import & Export, Marketing, Job Search, Sports, Education, Computer, Internet, Tools, Nature, Countries, Nationalities and more ...

TABLE OF CONTENTS

Pronunciation guide   9
Abbreviations   10

BASIC CONCEPTS   11
Basic concepts. Part 1   11

1. Pronouns   11
2. Greetings. Salutations. Farewells   11
3. How to address   12
4. Cardinal numbers. Part 1   12
5. Cardinal numbers. Part 2   13
6. Ordinal numbers   14
7. Numbers. Fractions   14
8. Numbers. Basic operations   14
9. Numbers. Miscellaneous   14
10. The most important verbs. Part 1   15
11. The most important verbs. Part 2   16
12. The most important verbs. Part 3   17
13. The most important verbs. Part 4   18
14. Colours   19
15. Questions   19
16. Prepositions   20
17. Function words. Adverbs. Part 1   20
18. Function words. Adverbs. Part 2   22

Basic concepts. Part 2   24

19. Weekdays   24
20. Hours. Day and night   24
21. Months. Seasons   25
22. Units of measurement   26
23. Containers   27

HUMAN BEING   29
Human being. The body   29

24. Head   29
25. Human body   30

Clothing & Accessories   31

26. Outerwear. Coats   31
27. Men's & women's clothing   31

28. Clothing. Underwear	32
29. Headwear	32
30. Footwear	32
31. Personal accessories	33
32. Clothing. Miscellaneous	33
33. Personal care. Cosmetics	34
34. Watches. Clocks	35

Food. Nutricion   36

35. Food	36
36. Drinks	37
37. Vegetables	38
38. Fruits. Nuts	39
39. Bread. Sweets	40
40. Cooked dishes	40
41. Spices	41
42. Meals	42
43. Table setting	43
44. Restaurant	43

Family, relatives and friends   44

45. Personal information. Forms	44
46. Family members. Relatives	44

Medicine   46

47. Diseases	46
48. Symptoms. Treatments. Part 1	47
49. Symptoms. Treatments. Part 2	48
50. Symptoms. Treatments. Part 3	49
51. Doctors	50
52. Medicine. Drugs. Accessories	50

HUMAN HABITAT   51
City   51

53. City. Life in the city	51
54. Urban institutions	52
55. Signs	53
56. Urban transport	54
57. Sightseeing	55
58. Shopping	56
59. Money	57
60. Post. Postal service	58

Dwelling. House. Home   59

61. House. Electricity	59

62. Villa. Mansion	59
63. Flat	59
64. Furniture. Interior	60
65. Bedding	61
66. Kitchen	61
67. Bathroom	62
68. Household appliances	63

HUMAN ACTIVITIES	**64**
Job. Business. Part 1	**64**
69. Office. Working in the office	64
70. Business processes. Part 1	65
71. Business processes. Part 2	66
72. Production. Works	67
73. Contract. Agreement	68
74. Import & Export	69
75. Finances	69
76. Marketing	70
77. Advertising	71
78. Banking	71
79. Telephone. Phone conversation	72
80. Mobile telephone	72
81. Stationery	73
82. Kinds of business	73

Job. Business. Part 2	**76**
83. Show. Exhibition	76
84. Science. Research. Scientists	77

Professions and occupations	**79**
85. Job search. Dismissal	79
86. Business people	79
87. Service professions	80
88. Military professions and ranks	81
89. Officials. Priests	82
90. Agricultural professions	82
91. Art professions	83
92. Various professions	83
93. Occupations. Social status	85

Education	**86**
94. School	86
95. College. University	87
96. Sciences. Disciplines	88
97. Writing system. Orthography	88
98. Foreign languages	89

Rest. Entertainment. Travel	91
99. Trip. Travel	91
100. Hotel	91

TECHNICAL EQUIPMENT. TRANSPORT	93
Technical equipment	93
101. Computer	93
102. Internet. E-mail	94
103. Electricity	95
104. Tools	95

Transport	98
105. Aeroplane	98
106. Train	99
107. Ship	100
108. Airport	101

Life events	103
109. Holidays. Event	103
110. Funerals. Burial	104
111. War. Soldiers	104
112. War. Military actions. Part 1	105
113. War. Military actions. Part 2	107
114. Weapons	108
115. Ancient people	110
116. Middle Ages	110
117. Leader. Chief. Authorities	112
118. Breaking the law. Criminals. Part 1	113
119. Breaking the law. Criminals. Part 2	114
120. Police. Law. Part 1	115
121. Police. Law. Part 2	116

NATURE	118
The Earth. Part 1	118
122. Outer space	118
123. The Earth	119
124. Cardinal directions	120
125. Sea. Ocean	120
126. Seas & Oceans names	121
127. Mountains	122
128. Mountains names	123
129. Rivers	123
130. Rivers names	124
131. Forest	124
132. Natural resources	125

The Earth. Part 2   127

133. Weather   127
134. Severe weather. Natural disasters   128

Fauna   129

135. Mammals. Predators   129
136. Wild animals   129
137. Domestic animals   130
138. Birds   131
139. Fish. Marine animals   133
140. Amphibians. Reptiles   133
141. Insects   134

Flora   135

142. Trees   135
143. Shrubs   136
144. Fruits. Berries   136
145. Flowers. Plants   137
146. Cereals, grains   138

COUNTRIES. NATIONALITIES   139

147. Western Europe   139
148. Central and Eastern Europe   139
149. Former USSR countries   140
150. Asia   140
151. North America   141
152. Central and South America   141
153. Africa   142
154. Australia. Oceania   142
155. Cities   142

PRONUNCIATION GUIDE

T&P phonetic alphabet	Afrikaans example	English example
[a]	land	shorter than in 'ask'
[ā]	straat	calf, palm
[æ]	hout	chess, man
[o], [ɔ]	Australië	drop, baught
[e]	metaal	elm, medal
[ɛ]	aanlê	man, bad
[ə]	filter	driver, teacher
[ɪ]	uur	big, America
[i]	billik	shorter than in 'feet'
[ī]	naïef	tree, big
[o]	koppie	pod, John
[ø]	akteur	eternal, church
[œ]	fluit	German Hölle
[u]	hulle	book
[ʊ]	hout	good, booklet
[b]	bakker	baby, book
[d]	donder	day, doctor
[f]	navraag	face, food
[g]	burger	game, gold
[h]	driehoek	home, have
[j]	byvoeg	yes, New York
[k]	kamera	clock, kiss
[l]	loon	lace, people
[m]	môre	magic, milk
[n]	neef	sang, thing
[p]	pyp	pencil, private
[r]	rigting	rice, radio
[s]	oplos	city, boss
[t]	lood, tenk	tourist, trip
[v]	bewaar	very, river
[w]	oorwinnaar	vase, winter
[z]	zoem	zebra, please
[dʒ]	enjin	joke, general
[ʃ]	artisjok	machine, shark
[ŋ]	kans	English, ring
[tʃ]	tjek	church, French
[ʒ]	beige	forge, pleasure
[x]	agent	as in Scots 'loch'

ABBREVIATIONS
used in the dictionary

English abbreviations

ab.	-	about
adj	-	adjective
adv	-	adverb
anim.	-	animate
as adj	-	attributive noun used as adjective
e.g.	-	for example
etc.	-	et cetera
fam.	-	familiar
fem.	-	feminine
form.	-	formal
inanim.	-	inanimate
masc.	-	masculine
math	-	mathematics
mil.	-	military
n	-	noun
pl	-	plural
pron.	-	pronoun
sb	-	somebody
sing.	-	singular
sth	-	something
v aux	-	auxiliary verb
vi	-	intransitive verb
vi, vt	-	intransitive, transitive verb
vt	-	transitive verb

BASIC CONCEPTS

Basic concepts. Part 1

1. Pronouns

I, me	ek, my	[ɛk], [maj]
you	jy	[jaj]
he	hy	[haj]
she	sy	[saj]
it	dit	[dit]
we	ons	[ɔŋs]
you (to a group)	julle	[jullə]
you (polite, sing.)	u	[u]
you (polite, pl)	u	[u]
they	hulle	[hullə]

2. Greetings. Salutations. Farewells

Hello! (fam.)	Hallo!	[hallo!]
Hello! (form.)	Hallo!	[hallo!]
Good morning!	Goeie môre!	[χuje mɔrə!]
Good afternoon!	Goeiemiddag!	[χuje·middaχ!]
Good evening!	Goeienaand!	[χuje·nānt!]
to say hello	dagsê	[daχsɛː]
Hi! (hello)	Hallo!	[hallo!]
greeting (n)	groet	[χrut]
to greet (vt)	groet	[χrut]
How are you?	Hoe gaan dit?	[hu χān dit?]
What's new?	Hoe gaan dit?	[hu χān dit?]
Goodbye!	Totsiens!	[totsiŋs!]
Bye!	Koebaai!	[kubāi!]
See you soon!	Totsiens!	[totsiŋs!]
Farewell!	Totsiens!	[totsiŋs!]
Farewell! (to a friend)	Mooi loop!	[moj loəp!]
Farewell! (form.)	Vaarwel!	[fārwel!]
to say goodbye	afskeid neem	[afskæjt neəm]
Cheers!	Koebaai!	[kubāi!]
Thank you! Cheers!	Dankie!	[danki!]
Thank you very much!	Baie dankie!	[baje danki!]
My pleasure!	Plesier	[plesir]
Don't mention it!	Plesier!	[plesir!]

11

It was nothing	Plesier	[plesir]
Excuse me! (fam.)	Ekskuus!	[ɛkskɪs!]
Excuse me! (form.)	Verskoon my!	[ferskoən maj!]
to excuse (forgive)	verskoon	[ferskoən]
to apologize (vi)	verskoning vra	[ferskonin fra]
My apologies	Verskoning	[ferskonin]
I'm sorry!	Ek is jammer!	[ɛk is jammər!]
to forgive (vt)	vergewe	[ferχevə]
It's okay! (that's all right)	Maak nie saak nie!	[māk ni sāk ni!]
please (adv)	asseblief	[asseblif]
Don't forget!	Vergeet dit nie!	[ferχeət dit ni!]
Certainly!	Beslis!	[beslis!]
Of course not!	Natuurlik nie!	[natɪrlik ni!]
Okay! (I agree)	OK!	[okej!]
That's enough!	Dis genoeg!	[dis χenuχ!]

3. How to address

Excuse me, ...	Verskoon my, ...	[ferskoən maj, ...]
mister, sir	meneer	[meneər]
madam	mevrou	[mefræʋ]
miss	juffrou	[juffræʋ]
young man	jongman	[joŋman]
young man (little boy)	boet	[but]
miss (little girl)	sussie	[sussi]

4. Cardinal numbers. Part 1

0 zero	nul	[nul]
1 one	een	[eən]
2 two	twee	[tweə]
3 three	drie	[dri]
4 four	vier	[fir]
5 five	vyf	[fajf]
6 six	ses	[ses]
7 seven	sewe	[sevə]
8 eight	ag	[aχ]
9 nine	nege	[neχə]
10 ten	tien	[tin]
11 eleven	elf	[ɛlf]
12 twelve	twaalf	[twālf]
13 thirteen	dertien	[dertin]
14 fourteen	veertien	[feərtin]
15 fifteen	vyftien	[fajftin]
16 sixteen	sestien	[sestin]
17 seventeen	sewetien	[sevətin]
18 eighteen	agtien	[aχtin]

19 nineteen	negetien	[neχetin]
20 twenty	twintig	[twintəχ]
21 twenty-one	een-en-twintig	[eən-en-twintəχ]
22 twenty-two	twee-en-twintig	[twee-en-twintəχ]
23 twenty-three	drie-en-twintig	[dri-en-twintəχ]
30 thirty	dertig	[dertəχ]
31 thirty-one	een-en-dertig	[eən-en-dertəχ]
32 thirty-two	twee-en-dertig	[twee-en-dertəχ]
33 thirty-three	drie-en-dertig	[dri-en-dertəχ]
40 forty	veertig	[feərtəχ]
41 forty-one	een-en-veertig	[eən-en-feərtəχ]
42 forty-two	twee-en-veertig	[twee-en-feərtəχ]
43 forty-three	vier-en-veertig	[fir-en-feərtəχ]
50 fifty	vyftig	[fajftəχ]
51 fifty-one	een-en-vyftig	[eən-en-fajftəχ]
52 fifty-two	twee-en-vyftig	[twee-en-fajftəχ]
53 fifty-three	drie-en-vyftig	[dri-en-fajftəχ]
60 sixty	sestig	[sestəχ]
61 sixty-one	een-en-sestig	[eən-en-sestəχ]
62 sixty-two	twee-en-sestig	[twee-en-sestəχ]
63 sixty-three	drie-en-sestig	[dri-en-sestəχ]
70 seventy	sewentig	[seventəχ]
71 seventy-one	een-en-sewentig	[eən-en-seventəχ]
72 seventy-two	twee-en-sewentig	[twee-en-seventəχ]
73 seventy-three	drie-en-sewentig	[dri-en-seventəχ]
80 eighty	tagtig	[taχtəχ]
81 eighty one	een-en-tagtig	[eən-en-taχtəχ]
82 eighty-two	twee-en-tagtig	[twoo-en-taχtəχ]
83 eighty-three	drie-en-tagtig	[dri-en-taχtəχ]
90 ninety	negentig	[neχentəχ]
91 ninety-one	een-en-negentig	[eən-en-neχentəχ]
92 ninety-two	twee-en-negentig	[twee-en-neχentəχ]
93 ninety-three	drie-en-negentig	[dri-en-neχentəχ]

5. Cardinal numbers. Part 2

100 one hundred	honderd	[hondərt]
200 two hundred	tweehonderd	[twee·hondərt]
300 three hundred	driehonderd	[dri·hondərt]
400 four hundred	vierhonderd	[fir·hondərt]
500 five hundred	vyfhonderd	[fajf·hondərt]
600 six hundred	seshonderd	[ses·hondərt]
700 seven hundred	sewehonderd	[sevə·hondərt]
800 eight hundred	aghonderd	[aχ·hondərt]
900 nine hundred	negehonderd	[neχə·hondərt]
1000 one thousand	duisend	[dœisent]

2000 two thousand	tweeduisend	[twee·dœisent]
3000 three thousand	drieduisend	[dri·dœisent]
10000 ten thousand	tienduisend	[tin·dœisent]
one hundred thousand	honderdduisend	[hondərt·dajsent]
million	miljoen	[miljun]
billion	miljard	[miljart]

6. Ordinal numbers

first (adj)	eerste	[eərstə]
second (adj)	tweede	[tweədə]
third (adj)	derde	[derdə]
fourth (adj)	vierde	[firdə]
fifth (adj)	vyfde	[fajfdə]
sixth (adj)	sesde	[sesdə]
seventh (adj)	sewende	[sevendə]
eighth (adj)	agste	[aχstə]
ninth (adj)	negende	[neχendə]
tenth (adj)	tiende	[tində]

7. Numbers. Fractions

fraction	breuk	[brøək]
one half	helfte	[hɛlftə]
one third	derde	[derdə]
one quarter	kwart	[kwart]
one eighth	agste	[aχstə]
one tenth	tiende	[tində]
two thirds	twee derde	[twee derdə]
three quarters	driekwart	[drikwart]

8. Numbers. Basic operations

subtraction	aftrekking	[aftrɛkkiŋ]
to subtract (vi, vt)	aftrek	[aftrek]
division	deling	[deliŋ]
to divide (vt)	deel	[deəl]
addition	optelling	[optɛlliŋ]
to add up (vt)	optel	[optəl]
to add (vi)	optel	[optəl]
multiplication	vermenigvuldiging	[fermeniχ·fuldəχiŋ]
to multiply (vt)	vermenigvuldig	[fermeniχ·fuldəχ]

9. Numbers. Miscellaneous

digit, figure	syfer	[sajfər]
number	nommer	[nommər]

numeral	telwoord	[tɛlwoərt]
minus sign	minusteken	[minus·tekən]
plus sign	plusteken	[plus·tekən]
formula	formule	[formulə]

calculation	berekening	[berekeniŋ]
to count (vi, vt)	tel	[təl]
to count up	optel	[optəl]
to compare (vt)	vergelyk	[ferχəlajk]

| How much? | Hoeveel? | [hufeəl?] |
| How many? | Hoeveel? | [hufeəl?] |

sum, total	som, totaal	[som], [totāl]
result	resultaat	[resultāt]
remainder	oorskot	[oərskot]

little (I had ~ time)	min	[min]
few (I have ~ friends)	min	[min]
the rest	die res	[di res]
dozen	dosyn	[dosajn]

in half (adv)	middeldeur	[middəldøər]
equally (evenly)	gelyk	[χelajk]
half	helfte	[hɛlftə]
time (three ~s)	maal	[māl]

10. The most important verbs. Part 1

to advise (vt)	aanraai	[ānrāi]
to agree (say yes)	saamstem	[sāmstem]
to answer (vi, vt)	antwoord	[ɑntwoərt]
to apologize (vi)	verskoning vra	[ferskoniŋ fra]
to arrive (vi)	aankom	[ānkom]

to ask (~ oneself)	vra	[fra]
to ask (~ sb to do sth)	vra	[fra]
to be (vi)	wees	[veəs]

to be afraid	bang wees	[baŋ veəs]
to be hungry	honger wees	[hoŋər veəs]
to be interested in ...	belangstel in ...	[belaŋstəl in ...]
to be needed	nodig wees	[nodəχ veəs]
to be surprised	verbaas wees	[ferbās veəs]

to be thirsty	dors wees	[dors veəs]
to begin (vt)	begin	[beχin]
to belong to ...	behoort aan ...	[behoərt ān ...]
to boast (vi)	spog	[spoχ]
to break (split into pieces)	breek	[breək]
to call (~ for help)	roep	[rup]

| can (v aux) | kan | [kan] |
| to catch (vt) | vang | [faŋ] |

to change (vt)	verander	[ferandər]
to choose (select)	kies	[kis]
to come down (the stairs)	afkom	[afkom]

to compare (vt)	vergelyk	[ferχəlajk]
to complain (vi, vt)	kla	[kla]
to confuse (mix up)	verwar	[ferwar]
to continue (vt)	aangaan	[ānχān]
to control (vt)	kontroleer	[kontroleər]
to cook (dinner)	kook	[koək]

to cost (vt)	kos	[kos]
to count (add up)	tel	[təl]
to count on ...	reken op ...	[reken op ...]
to create (vt)	skep	[skep]
to cry (weep)	huil	[hœil]

11. The most important verbs. Part 2

to deceive (vi, vt)	bedrieg	[bedrəχ]
to decorate (tree, street)	versier	[fersir]
to defend (a country, etc.)	verdedig	[ferdedəχ]
to demand (request firmly)	eis	[æjs]
to dig (vt)	grawe	[χravə]

to discuss (vt)	bespreek	[bespreək]
to do (vt)	doen	[dun]
to doubt (have doubts)	twyfel	[twajfəl]
to drop (let fall)	laat val	[lāt fal]
to enter (room, house, etc.)	binnegaan	[binnəχān]

to excuse (forgive)	verskoon	[ferskoən]
to exist (vi)	bestaan	[bestān]
to expect (foresee)	voorsien	[foərsin]
to explain (vt)	verduidelik	[ferdœidəlik]
to fall (vi)	val	[fal]

to fancy (vt)	hou van	[hæʊ fan]
to find (vt)	vind	[fint]
to finish (vt)	klaarmaak	[klārmāk]
to fly (vi)	vlieg	[fliχ]
to follow ... (come after)	volg ...	[folχ ...]

to forget (vi, vt)	vergeet	[ferχeət]
to forgive (vt)	vergewe	[ferχevə]
to give (vt)	gee	[χeə]
to go (on foot)	gaan	[χān]

to go for a swim	gaan swem	[χān swem]
to go out (for dinner, etc.)	uitgaan	[œitχān]
to guess (the answer)	raai	[rāi]

| to have (vt) | hê | [hɛ:] |
| to have breakfast | ontbyt | [ontbajt] |

to have dinner	aandete gebruik	[āndetə χebrœik]
to have lunch	gaan eet	[χān eət]
to hear (vt)	hoor	[hoər]

to help (vt)	help	[hɛlp]
to hide (vt)	wegsteek	[veχsteək]
to hope (vi, vt)	hoop	[hoəp]
to hunt (vi, vt)	jag	[jaχ]
to hurry (vi)	opskud	[opskut]

12. The most important verbs. Part 3

to inform (vt)	in kennis stel	[in kɛnnis stəl]
to insist (vi, vt)	aandring	[āndriŋ]
to insult (vt)	beledig	[beledəχ]
to invite (vt)	uitnooi	[œitnoj]
to joke (vi)	grappies maak	[χrappis māk]

to keep (vt)	bewaar	[bevār]
to keep silent, to hush	stilbly	[stilblaj]
to kill (vt)	doodmaak	[doədmāk]
to know (sb)	ken	[kən]
to know (sth)	weet	[veət]
to laugh (vi)	lag	[laχ]

to liberate (city, etc.)	bevry	[befraj]
to look for ... (search)	soek ...	[suk ...]
to love (sb)	liefhê	[lifhɛ:]
to manage, to run	beheer	[beheər]

to mean (signify)	beteken	[betekən]
to mention (talk about)	verwys na	[ferwajs na]
to miss (school, etc.)	bank	[bank]
to notice (see)	raaksien	[rāksin]
to object (vi, vt)	beswaar maak	[beswār māk]

to observe (see)	waarneem	[vārneəm]
to open (vt)	oopmaak	[oəpmāk]
to order (meal, etc.)	bestel	[bestəl]
to order (mil.)	beveel	[befeəl]
to own (possess)	besit	[besit]

to participate (vi)	deelneem	[deəlneəm]
to pay (vi, vt)	betaal	[betāl]
to permit (vt)	toestaan	[tustān]
to plan (vt)	beplan	[beplan]
to play (children)	speel	[speəl]

to pray (vi, vt)	bid	[bit]
to prefer (vt)	verkies	[ferkis]
to promise (vt)	beloof	[beloəf]
to pronounce (vt)	uitspreek	[œitspreək]
to propose (vt)	voorstel	[foərstəl]
to punish (vt)	straf	[straf]

13. The most important verbs. Part 4

to read (vi, vt)	lees	[lees]
to recommend (vt)	aanbeveel	[ānbefeəl]
to refuse (vi, vt)	weier	[væjer]
to regret (be sorry)	jammer wees	[jammər veəs]
to rent (sth from sb)	huur	[hɪr]
to repeat (say again)	herhaal	[herhāl]
to reserve, to book	bespreek	[bespreək]
to run (vi)	hardloop	[hardloəp]
to save (rescue)	red	[ret]
to say (~ thank you)	sê	[sɛː]
to scold (vt)	uitvaar teen	[œitfār teən]
to see (vt)	sien	[sin]
to sell (vt)	verkoop	[ferkoəp]
to send (vt)	stuur	[stɪr]
to shoot (vi)	skiet	[skit]
to shout (vi)	skreeu	[skriʊ]
to show (vt)	wys	[vajs]
to sign (document)	teken	[tekən]
to sit down (vi)	gaan sit	[χān sit]
to smile (vi)	glimlag	[χlimlaχ]
to speak (vi, vt)	praat	[prāt]
to steal (money, etc.)	steel	[steəl]
to stop (for pause, etc.)	stilhou	[stilhæʊ]
to stop (please ~ calling me)	ophou	[ophæʊ]
to study (vt)	studeer	[studeər]
to swim (vi)	swem	[swem]
to take (vt)	vat	[fat]
to think (vi, vt)	dink	[dink]
to threaten (vt)	dreig	[dræjχ]
to touch (with hands)	aanraak	[ānrāk]
to translate (vt)	vertaal	[fertāl]
to trust (vt)	vertrou	[fertræʊ]
to try (attempt)	probeer	[probeər]
to turn (e.g., ~ left)	draai	[drāi]
to underestimate (vt)	onderskat	[ondərskat]
to understand (vt)	verstaan	[ferstān]
to unite (vt)	verenig	[ferenəχ]
to wait (vt)	wag	[vaχ]
to want (wish, desire)	wil	[vil]
to warn (vt)	waarsku	[vārsku]
to work (vi)	werk	[verk]
to write (vt)	skryf	[skrajf]
to write down	opskryf	[opskrajf]

14. Colours

colour	kleur	[kløər]
shade (tint)	skakering	[skakeriŋ]
hue	tint	[tint]
rainbow	reënboog	[reɛn·boəχ]
white (adj)	wit	[vit]
black (adj)	swart	[swart]
grey (adj)	grys	[χrajs]
green (adj)	groen	[χrun]
yellow (adj)	geel	[χeəl]
red (adj)	rooi	[roj]
blue (adj)	blou	[blæʊ]
light blue (adj)	ligblou	[liχ·blæʊ]
pink (adj)	pienk	[pink]
orange (adj)	oranje	[oranje]
violet (adj)	pers	[pers]
brown (adj)	bruin	[brœin]
golden (adj)	goue	[χæʊə]
silvery (adj)	silweragtig	[silweraχtəχ]
beige (adj)	beige	[bɛːʒ]
cream (adj)	roomkleurig	[roəm·kløərəχ]
turquoise (adj)	turkoois	[turkojs]
cherry red (adj)	kersierooi	[kersi·roj]
lilac (adj)	lila	[lila]
crimson (adj)	karmosyn	[karmosajn]
light (adj)	lig	[liχ]
dark (adj)	donker	[donkər]
bright, vivid (adj)	helder	[hɛldər]
coloured (pencils)	kleurig	[kløərəχ]
colour (e.g. ~ film)	kleur	[kløər]
black-and-white (adj)	swart-wit	[swart-wit]
plain (one-coloured)	effe	[ɛffə]
multicoloured (adj)	veelkleurig	[feəlkløərəχ]

15. Questions

Who?	Wie?	[vi?]
What?	Wat?	[vat?]
Where? (at, in)	Waar?	[vār?]
Where (to)?	Waarheen?	[vārheən?]
From where?	Waarvandaan?	[vārfandān?]
When?	Wanneer?	[vanneər?]
Why? (What for?)	Hoekom?	[hukom?]
Why? (~ are you crying?)	Hoekom?	[hukom?]
What for?	Vir wat?	[fir vat?]

How? (in what way)	Hoe?	[hu?]
What? (What kind of ...?)	Watter?	[vatter?]
Which?	Watter een?	[vatter een?]

To whom?	Vir wie?	[fir vi?]
About whom?	Oor wie?	[oer vi?]
About what?	Oor wat?	[oer vat?]
With whom?	Met wie?	[met vi?]
How many? How much?	Hoeveel?	[hufeel?]

16. Prepositions

with (accompanied by)	met	[met]
without	sonder	[sonder]
to (indicating direction)	na	[na]
about (talking ~ ...)	oor	[oer]
before (in time)	voor	[foer]
in front of ...	voor ...	[foer ...]
under (beneath, below)	onder	[onder]
above (over)	oor	[oer]
on (atop)	op	[op]
from (off, out of)	uit	[œit]
of (made from)	van	[fan]
in (e.g. ~ ten minutes)	oor	[oer]
over (across the top of)	oor	[oer]

17. Function words. Adverbs. Part 1

Where? (at, in)	Waar?	[vār?]
here (adv)	hier	[hir]
there (adv)	daar	[dār]

| somewhere (to be) | êrens | [ærɛŋs] |
| nowhere (not in any place) | nêrens | [nærɛŋs] |

| by (near, beside) | by | [baj] |
| by the window | by | [baj] |

Where (to)?	Waarheen?	[vārheen?]
here (e.g. come ~!)	hier	[hir]
there (e.g. to go ~)	soontoe	[soentu]
from here (adv)	hiervandaan	[hirfandān]
from there (adv)	daarvandaan	[dārfandān]

| close (adv) | naby | [nabaj] |
| far (adv) | ver | [fer] |

near (e.g. ~ Paris)	naby	[nabaj]
nearby (adv)	naby	[nabaj]
not far (adv)	nie ver nie	[ni fer ni]

left (adj)	linker-	[lɪnkər-]
on the left	op linkerhand	[op lɪnkərhant]
to the left	na links	[na lɪnks]

right (adj)	regter	[reχtər]
on the right	op regterhand	[op reχtərhant]
to the right	na regs	[na reχs]

in front (adv)	voor	[foər]
front (as adj)	voorste	[foərstə]
ahead (the kids ran ~)	vooruit	[foərœit]

behind (adv)	agter	[aχtər]
from behind	van agter	[fan aχtər]
back (towards the rear)	agtertoe	[aχtərtu]

| middle | middel | [mɪddəl] |
| in the middle | in die middel | [ɪn di mɪddəl] |

at the side	op die sykant	[op di sajkant]
everywhere (adv)	orals	[orals]
around (in all directions)	orals rond	[orals ront]

from inside	van binne	[fan bɪnnə]
somewhere (to go)	êrens	[æʀɛŋs]
straight (directly)	reguit	[reχœit]
back (e.g. come ~)	terug	[teruχ]

| from anywhere | êrens vandaan | [æʀɛŋs fandān] |
| from somewhere | êrens vandaan | [æʀɛŋs fandān] |

firstly (adv)	in die eerste plek	[ɪn di eərstə plek]
secondly (adv)	in die tweede plek	[ɪn di tweədə plek]
thirdly (adv)	in die derde plek	[ɪn di derdə plek]

suddenly (adv)	skielik	[skilɪk]
at first (in the beginning)	aan die begin	[ān di beχɪn]
for the first time	vir die eerste keer	[fɪr di eərstə keər]
long before ...	lank voordat ...	[lank foərdat ...]
anew (over again)	opnuut	[opnɪt]
for good (adv)	vir goed	[fɪr χut]

never (adv)	nooit	[nojt]
again (adv)	weer	[veər]
now (at present)	nou	[næʊ]
often (adv)	dikwels	[dɪkwɛls]
then (adv)	toe	[tu]
urgently (quickly)	dringend	[drɪŋəŋ]
usually (adv)	gewoonlik	[χevoənlɪk]

by the way, ...	terloops, ...	[terloəps], [...]
possibly	moontlik	[moentlɪk]
probably (adv)	waarskynlik	[vārskajnlɪk]
maybe (adv)	dalk	[dalk]
besides ...	trouens ...	[træʊɛŋs ...]
that's why ...	dis hoekom ...	[dis hukom ...]

in spite of ...	ondanks ...	[ondanks ...]
thanks to ...	danksy ...	[danksaj ...]
what (pron.)	wat	[vat]
that (conj.)	dat	[dat]
something	iets	[its]
anything (something)	iets	[its]
nothing	niks	[niks]
who (pron.)	wie	[vi]
someone	iemand	[imant]
somebody	iemand	[imant]
nobody	niemand	[nimant]
nowhere (a voyage to ~)	nêrens	[nærɛŋs]
nobody's	niemand se	[nimant sə]
somebody's	iemand se	[imant sə]
so (I'm ~ glad)	so	[so]
also (as well)	ook	[oək]
too (as well)	ook	[oək]

18. Function words. Adverbs. Part 2

Why?	Waarom?	[vãrom?]
because ...	omdat ...	[omdat ...]
and	en	[ɛn]
or	of	[of]
but	maar	[mãr]
for (e.g. ~ me)	vir	[fir]
too (excessively)	te	[te]
only (exclusively)	net	[net]
exactly (adv)	presies	[presis]
about (more or less)	ongeveer	[onχəfeər]
approximately (adv)	ongeveer	[onχəfeər]
approximate (adj)	geraamde	[χerãmdə]
almost (adv)	amper	[ampər]
the rest	die res	[di res]
the other (second)	die ander	[di andər]
other (different)	ander	[andər]
each (adj)	elke	[ɛlkə]
any (no matter which)	enige	[ɛniχə]
many (adj)	baie	[bajə]
much (adv)	baie	[bajə]
many people	baie mense	[bajə mɛŋsə]
all (everyone)	almal	[almal]
in return for ...	in ruil vir ...	[in rœil fir ...]
in exchange (adv)	as vergoeding	[as ferχudiŋ]
by hand (made)	met die hand	[met di hant]

hardly (negative opinion)	skaars	[skãrs]
probably (adv)	waarskynlik	[vãrskajnlik]
on purpose (intentionally)	opsetlik	[opsetlik]
by accident (adv)	toevallig	[tufallǝx]
very (adv)	baie	[baje]
for example (adv)	byvoorbeeld	[bajfoǝrbeǝlt]
between	tussen	[tussǝn]
among	tussen	[tussǝn]
so much (such a lot)	so baie	[so baje]
especially (adv)	veral	[feral]

Basic concepts. Part 2

19. Weekdays

Monday	**Maandag**	[mãndaχ]
Tuesday	**Dinsdag**	[dinsdaχ]
Wednesday	**Woensdag**	[vʊɛŋsdaχ]
Thursday	**Donderdag**	[dondərdaχ]
Friday	**Vrydag**	[frajdaχ]
Saturday	**Saterdag**	[satərdaχ]
Sunday	**Sondag**	[sondaχ]

today (adv)	**vandag**	[fandaχ]
tomorrow (adv)	**môre**	[mɔrə]
the day after tomorrow	**oormôre**	[oərmɔrə]
yesterday (adv)	**gister**	[χistər]
the day before yesterday	**eergister**	[eərχistər]

day	**dag**	[daχ]
working day	**werksdag**	[verks·daχ]
public holiday	**openbare vakansiedag**	[openbarə fakaŋsi·daχ]
day off	**verlofdag**	[ferlofdaχ]
weekend	**naweek**	[naveək]

all day long	**die hele dag**	[di helə daχ]
the next day (adv)	**die volgende dag**	[di folχendə daχ]
two days ago	**twee dae gelede**	[tweə daə χeledə]
the day before	**die dag voor**	[di daχ foər]
daily (adj)	**daeliks**	[daəliks]
every day (adv)	**elke dag**	[ɛlkə daχ]

week	**week**	[veək]
last week (adv)	**laas week**	[lãs veək]
next week (adv)	**volgende week**	[folχendə veək]
weekly (adj)	**weekliks**	[veəkliks]
every week (adv)	**weekliks**	[veəkliks]
every Tuesday	**elke Dinsdag**	[ɛlkə dinsdaχ]

20. Hours. Day and night

morning	**oggend**	[oχent]
in the morning	**soggens**	[soχɛŋs]
noon, midday	**middag**	[middaχ]
in the afternoon	**in die namiddag**	[in di namiddaχ]

evening	**aand**	[ãnt]
in the evening	**saans**	[sãŋs]
night	**nag**	[naχ]

T&P Books. Theme-based dictionary British English-Afrikaans - 5000 words

| at night | snags | [snaχs] |
| midnight | middernag | [middərnaχ] |

second	sekonde	[sekondə]
minute	minuut	[minɪt]
hour	uur	[ɪr]
half an hour	n halfuur	[n halfɪr]
fifteen minutes	vyftien minute	[fajftin minutə]
24 hours	24 ure	[fir-en-twintəχ urə]

sunrise	sonop	[son·op]
dawn	daeraad	[daerãt]
early morning	elke oggend	[ɛlkə oχent]
sunset	sononder	[son·ondər]

early in the morning	vroegdag	[fruχdaχ]
this morning	vanmôre	[fanmɔrə]
tomorrow morning	môreoggend	[mɔrə·oχent]

this afternoon	vanmiddag	[fanmiddaχ]
in the afternoon	in die namiddag	[in di namiddaχ]
tomorrow afternoon	môremiddag	[mɔrə·middaχ]

| tonight (this evening) | vanaand | [fanãnt] |
| tomorrow night | môreaand | [mɔrə·ãnt] |

at 3 o'clock sharp	klokslag 3 uur	[klokslaχ dri ɪr]
about 4 o'clock	omstreeks 4 uur	[omstreeks fir ɪr]
by 12 o'clock	teen 12 uur	[teən twalf ɪr]

| in 20 minutes | oor twintig minute | [oər twintəχ minutə] |
| on time (adv) | betyds | [betajds] |

a quarter to ...	kwart voor ...	[kwart foor ...]
every 15 minutes	elke 15 minute	[ɛlkə fajftin minutə]
round the clock	24 uur per dag	[fir-en-twintəχ pər daχ]

21. Months. Seasons

January	Januarie	[januari]
February	Februarie	[februari]
March	Maart	[mãrt]
April	April	[april]
May	Mei	[mæj]
June	Junie	[juni]

July	Julie	[juli]
August	Augustus	[ɔuχustus]
September	September	[septembər]
October	Oktober	[oktobər]
November	November	[nofembər]
December	Desember	[desembər]
spring	lente	[lentə]
in spring	in die lente	[in di lentə]

spring (as adj)	lente-	[lente-]
summer	somer	[somər]
in summer	in die somer	[in di somər]
summer (as adj)	somerse	[somərsə]
autumn	herfs	[herfs]
in autumn	in die herfs	[in di herfs]
autumn (as adj)	herfsagtige	[herfsaχtiχə]
winter	winter	[vintər]
in winter	in die winter	[in di vintər]
winter (as adj)	winter-	[vintər-]
month	maand	[mãnt]
this month	hierdie maand	[hirdi mãnt]
next month	volgende maand	[folχendə mãnt]
last month	laasmaand	[lãsmãnt]
in 2 months (2 months later)	oor twe maande	[oər twe mãndə]
the whole month	die hele maand	[di helə mãnt]
monthly (~ magazine)	maandeliks	[mãndəliks]
monthly (adv)	maandeliks	[mãndəliks]
every month	elke maand	[ɛlkə mãnt]
year	jaar	[jãr]
this year	hierdie jaar	[hirdi jãr]
next year	volgende jaar	[folχendə jãr]
last year	laasjaar	[lãjãr]
in two years	binne twee jaar	[binnə tweə jãr]
the whole year	die hele jaar	[di helə jãr]
every year	elke jaar	[ɛlkə jãr]
annual (adj)	jaarliks	[jãrliks]
annually (adv)	jaarliks	[jãrliks]
4 times a year	4 keer per jaar	[fir keər pər jãr]
date (e.g. today's ~)	datum	[datum]
date (e.g. ~ of birth)	datum	[datum]
calendar	kalender	[kalendər]
six months	ses maande	[ses mãndə]
season (summer, etc.)	seisoen	[sæjsun]
century	eeu	[iʊ]

22. Units of measurement

weight	gewig	[χevəχ]
length	lengte	[leŋtə]
width	breedte	[breedtə]
height	hoogte	[hoəχtə]
depth	diepte	[diptə]
volume	volume	[folumə]

area	area	[arεa]
gram	gram	[xram]
milligram	milligram	[millixram]
kilogram	kilogram	[kiloxram]
ton	ton	[ton]
pound	pond	[pont]
ounce	ons	[ɔŋs]

metre	meter	[metər]
millimetre	millimeter	[millimetər]
centimetre	sentimeter	[sentimetər]
kilometre	kilometer	[kilometər]
mile	myl	[majl]

inch	duim	[dœim]
foot	voet	[fut]
yard	jaart	[järt]

| square metre | vierkante meter | [firkantə metər] |
| hectare | hektaar | [hektär] |

litre	liter	[litər]
degree	graad	[xrät]
volt	volt	[folt]
ampere	ampère	[ampɛːr]
horsepower	perdekrag	[perdə·kraχ]

quantity	hoeveelheid	[hufeəlhæjt]
half	helfte	[hɛlftə]
dozen	dosyn	[dosajn]
piece (item)	stuk	[stuk]

| size | grootte | [xroettə] |
| scale (map ~) | skaal | [skäl] |

minimal (adj)	minimaal	[minimäl]
the smallest (adj)	die kleinste	[di klæjnstə]
medium (adj)	medium	[medium]
maximal (adj)	maksimaal	[maksimäl]
the largest (adj)	die grootste	[di χroətstə]

23. Containers

canning jar (glass ~)	glaspot	[χlas·pot]
tin, can	blikkie	[blikki]
bucket	emmer	[ɛmmər]
barrel	drom	[drom]

wash basin (e.g., plastic ~)	wasbak	[vas·bak]
tank (100L water ~)	tenk	[tɛnk]
hip flask	heupfles	[høəp·fles]
jerrycan	petrolblik	[petrol·blik]
tank (e.g., tank car)	tenk	[tɛnk]
mug	beker	[bekər]

cup (of coffee, etc.)	koppie	[koppi]
saucer	piering	[piriŋ]
glass (tumbler)	glas	[xlas]
wine glass	wynglas	[vajn·xlas]
stock pot (soup pot)	soppot	[sop·pot]
bottle (~ of wine)	bottel	[bottəl]
neck (of the bottle, etc.)	nek	[nek]
carafe (decanter)	kraffie	[kraffi]
pitcher	kruik	[krœik]
vessel (container)	houer	[hæuər]
pot (crock, stoneware ~)	pot	[pot]
vase	vaas	[fãs]
flacon, bottle (perfume ~)	bottel	[bottəl]
vial, small bottle	botteltjie	[bottɛlki]
tube (of toothpaste)	buisie	[bœisi]
sack (bag)	sak	[sak]
bag (paper ~, plastic ~)	sak	[sak]
packet (of cigarettes, etc.)	pakkie	[pakki]
box (e.g. shoebox)	kartondoos	[karton·doəs]
crate	krat	[krat]
basket	mandjie	[mandʒi]

HUMAN BEING

Human being. The body

24. Head

head	kop	[kop]
face	gesig	[ɣesəɣ]
nose	neus	[nøəs]
mouth	mond	[mont]
eye	oog	[oəɣ]
eyes	oë	[oɛ]
pupil	pupil	[pupil]
eyebrow	wenkbrou	[vɛnk·bræʊ]
eyelash	ooghaar	[oəɣ·hãr]
eyelid	ooglid	[oəɣ·lit]
tongue	tong	[toŋ]
tooth	tand	[tant]
lips	lippe	[lippə]
cheekbones	wangbene	[vaŋ·benə]
gum	tandvleis	[tand·flæjs]
palate	verhemelte	[fer·hemɛltə]
nostrils	neusgate	[nøəsχatə]
chin	ken	[ken]
jaw	kakebeen	[kakebeən]
cheek	wang	[vaŋ]
forehead	voorhoof	[foərhoəf]
temple	slaap	[slãp]
ear	oor	[oər]
back of the head	agterkop	[aχtərkop]
neck	nek	[nek]
throat	keel	[keəl]
hair	haar	[hãr]
hairstyle	kapsel	[kapsəl]
haircut	haarstyl	[hãrstajl]
wig	pruik	[prœik]
moustache	snor	[snor]
beard	baard	[bãrt]
to have (a beard, etc.)	dra	[dra]
plait	vlegsel	[fleχsəl]
sideboards	bakkebaarde	[bakkəbãrdə]
red-haired (adj)	rooiharig	[roj·harəχ]
grey (hair)	grys	[χrajs]

bald (adj)	kaal	[kɑ̃l]
bald patch	kaal plek	[kɑ̃l plek]
ponytail	poniestert	[poni·stert]
fringe	gordyntjiekapsel	[χordajnki·kapsəl]

25. Human body

hand	hand	[hant]
arm	arm	[arm]

finger	vinger	[fiŋər]
toe	toon	[toən]
thumb	duim	[dœim]
little finger	pinkie	[pinki]
nail	nael	[naəl]

fist	vuis	[fœis]
palm	palm	[palm]
wrist	pols	[pols]
forearm	voorarm	[foərarm]
elbow	elmboog	[ɛlmboəχ]
shoulder	skouer	[skæʊər]

leg	been	[beən]
foot	voet	[fut]
knee	knie	[kni]
calf	kuit	[kœit]
hip	heup	[høəp]
heel	hakskeen	[hak·skeən]

body	liggaam	[liχχɑ̃m]
stomach	maag	[mɑ̃χ]
chest	bors	[bors]
breast	bors	[bors]
flank	sy	[saj]
back	rug	[ruχ]
lower back	lae rug	[laə ruχ]
waist	middel	[middəl]

navel (belly button)	naeltjie	[naɛlki]
buttocks	boude	[bæʊdə]
bottom	sitvlak	[sitflak]

beauty spot	moesie	[musi]
birthmark (café au lait spot)	moedervlek	[mudər·flek]
tattoo	tatoe	[tatu]
scar	litteken	[littekən]

Clothing & Accessories

26. Outerwear. Coats

clothes	klere	[klerə]
outerwear	oorklere	[oərklerə]
winter clothing	**winterklere**	[vintər·klerə]
coat (overcoat)	jas	[jas]
fur coat	pelsjas	[pelʃas]
fur jacket	kort pelsjas	[kort pelʃas]
down coat	donsjas	[donʃas]
jacket (e.g. leather ~)	baadjie	[bādʒi]
raincoat (trenchcoat, etc.)	reënjas	[reɛnjas]
waterproof (adj)	waterdig	[vatərdəχ]

27. Men's & women's clothing

shirt (button shirt)	hemp	[hemp]
trousers	broek	[bruk]
jeans	denimbroek	[denim·bruk]
suit jacket	baadjie	[bādʒi]
suit	pak	[pak]
dress (frock)	rok	[rɔk]
skirt	romp	[romp]
blouse	bloes	[blus]
knitted jacket (cardigan, etc.)	gebreide baadjie	[χebræjdə bādʒi]
jacket (of a woman's suit)	baadjie	[bādʒi]
T-shirt	T-hemp	[te-hemp]
shorts (short trousers)	kortbroek	[kort·bruk]
tracksuit	sweetpak	[sweet·pak]
bathrobe	badjas	[batjas]
pyjamas	pajama	[pajama]
jumper (sweater)	trui	[trœi]
pullover	trui	[trœi]
waistcoat	onderbaadjie	[ondər·bādʒi]
tailcoat	swaelstertbaadjie	[swaɛlstert·bādʒi]
dinner suit	aandpak	[āntpak]
uniform	uniform	[uniform]
workwear	werksklere	[verks·klerə]
boiler suit	oorpak	[oərpak]
coat (e.g. doctor's smock)	jas	[jas]

28. Clothing. Underwear

underwear	onderklere	[ondərklerə]
pants	onderbroek	[ondərbruk]
panties	onderbroek	[ondərbruk]
vest (singlet)	frokkie	[frokki]
socks	sokkies	[sokkis]
nightdress	nagrok	[naχrok]
bra	bra	[bra]
knee highs (knee-high socks)	kniekouse	[kni·kæʊsə]
tights	kousbroek	[kæʊsbruk]
stockings (hold ups)	kouse	[kæʊsə]
swimsuit, bikini	baaikostuum	[bāj·kostɪm]

29. Headwear

hat	hoed	[hut]
trilby hat	hoed	[hut]
baseball cap	bofbalpet	[bofbal·pet]
flatcap	pet	[pet]
beret	mus	[mus]
hood	kap	[kap]
panama hat	panamahoed	[panama·hut]
knit cap (knitted hat)	gebreide mus	[χebræjdə mus]
headscarf	kopdoek	[kopduk]
women's hat	dameshoed	[dames·hut]
hard hat	veiligheidshelm	[fæjliχæjts·hɛlm]
forage cap	mus	[mus]
helmet	helmet	[hɛlmet]
bowler	bolhoed	[bolhut]
top hat	hoëhoed	[hoɛhut]

30. Footwear

footwear	skoeisel	[skuisəl]
shoes (men's shoes)	mansskoene	[maŋs·skunə]
shoes (women's shoes)	damesskoene	[dames·skunə]
boots (e.g., cowboy ~)	laarse	[lārsə]
carpet slippers	pantoffels	[pantoffəls]
trainers	tennisskoene	[tɛnnis·skunə]
trainers	tekkies	[tɛkkis]
sandals	sandale	[sandalə]
cobbler (shoe repairer)	skoenmaker	[skun·makər]
heel	hak	[hak]

pair (of shoes)	paar	[pār]
lace (shoelace)	skoenveter	[skun·fetər]
to lace up (vt)	ryg	[rajχ]
shoehorn	skoenlepel	[skun·lepəl]
shoe polish	skoenpolitoer	[skun·politur]

31. Personal accessories

gloves	handskoene	[handskunə]
mittens	duimhandskoene	[dœim·handskunə]
scarf (muffler)	serp	[serp]

glasses	bril	[bril]
frame (eyeglass ~)	raam	[rām]
umbrella	sambreel	[sambreəl]
walking stick	wandelstok	[vandəl·stok]
hairbrush	haarborsel	[hār·borsəl]
fan	waaier	[vājer]

tie (necktie)	das	[das]
bow tie	strikkie	[strikki]
braces	kruisbande	[krœis·bandə]
handkerchief	sakdoek	[sakduk]

comb	kam	[kam]
hair slide	haarspeld	[hārs·pɛlt]
hairpin	haarpen	[hār·pen]
buckle	gespe	[χespə]

| belt | belt | [bɛlt] |
| shoulder strap | skouerband | [skæuer·bant] |

bag (handbag)	handsak	[hand·sak]
handbag	beursie	[bøərsi]
rucksack	rugsak	[ruχsak]

32. Clothing. Miscellaneous

fashion	mode	[modə]
in vogue (adj)	in die mode	[in di modə]
fashion designer	modeontwerper	[modə·ontwerpər]

collar	kraag	[krāχ]
pocket	sak	[sak]
pocket (as adj)	sak-	[sak-]
sleeve	mou	[mæʊ]
hanging loop	lussie	[lussi]
flies (on trousers)	gulp	[χulp]

zip (fastener)	ritssluiter	[rits·slœitər]
fastener	vasmaker	[fasmakər]
button	knoop	[knoəp]

buttonhole	knoopsgat	[knoəps·χat]
to come off (ab. button)	loskom	[loskom]
to sew (vi, vt)	naai	[nāi]
to embroider (vi, vt)	borduur	[bordɪr]
embroidery	borduurwerk	[bordɪr·werk]
sewing needle	naald	[nālt]
thread	garing	[χariŋ]
seam	soom	[soəm]
to get dirty (vi)	vuil word	[fœil vort]
stain (mark, spot)	vlek	[flek]
to crease, to crumple	kreukel	[krøəkəl]
to tear, to rip (vt)	skeur	[skøər]
clothes moth	mot	[mot]

33. Personal care. Cosmetics

toothpaste	tandepasta	[tandə·pasta]
toothbrush	tandeborsel	[tandə·borsəl]
to clean one's teeth	tande borsel	[tandə borsəl]
razor	skeermes	[skeər·mes]
shaving cream	skeerroom	[skeər·roəm]
to shave (vi)	skeer	[skeər]
soap	seep	[seəp]
shampoo	sjampoe	[ʃampu]
scissors	skêr	[skær]
nail file	naelvyl	[naɛl·fajl]
nail clippers	naelknipper	[naɛl·knippər]
tweezers	haartangetjie	[hārtaŋəki]
cosmetics	kosmetika	[kosmetika]
face mask	gesigmasker	[χesiχ·maskər]
manicure	manikuur	[manikɪr]
to have a manicure	laat manikuur	[lāt manikɪr]
pedicure	voetbehandeling	[fut·behandeliŋ]
make-up bag	kosmetika tassie	[kosmetika tassi]
face powder	gesigpoeier	[χesiχ·pujer]
powder compact	poeierdosie	[pujer·dosi]
blusher	blosser	[blossər]
perfume (bottled)	parfuum	[parfɪm]
toilet water (lotion)	reukwater	[røək·vatər]
lotion	vloeiroom	[flui·roəm]
cologne	reukwater	[røək·vatər]
eyeshadow	oogskadu	[oəχ·skadu]
eyeliner	oogomlyner	[oəχ·omlajnər]
mascara	maskara	[maskara]
lipstick	lipstiffie	[lip·stiffi]

nail polish	naellak	[naɛl·lak]
hair spray	haarsproei	[hārs·prui]
deodorant	reukweermiddel	[røøk·veərmiddəl]
cream	room	[roəm]
face cream	gesigroom	[χesiχ·roəm]
hand cream	handroom	[hand·roəm]
anti-wrinkle cream	antirimpelroom	[antirimpəl·roəm]
day cream	dagroom	[daχ·roəm]
night cream	nagroom	[naχ·roəm]
day (as adj)	dag-	[daχ-]
night (as adj)	nag-	[naχ-]
tampon	tampon	[tampon]
toilet paper (toilet roll)	toiletpapier	[tojlet·papir]
hair dryer	haardroër	[hār·droɛr]

34. Watches. Clocks

watch (wristwatch)	polshorlosie	[pols·horlosi]
dial	wyserplaat	[vajsər·plāt]
hand (clock, watch)	wyster	[vajstər]
metal bracelet	metaal horlosiebandjie	[metāl horlosi·bandʒi]
watch strap	horlosiebandjie	[horlosi·bandʒi]
battery	battery	[battəraj]
to be flat (battery)	pap wees	[pap veəs]
to run fast	voorloop	[foərloəp]
to run slow	agterloop	[aχtərloəp]
wall clock	muurhorlosie	[mɪr·horlosi]
hourglass	uurglas	[ɪr·χlas]
sundial	sonwyser	[son·wajsər]
alarm clock	wekker	[vɛkkər]
watchmaker	horlosiemaker	[horlosi·makər]
to repair (vt)	herstel	[herstəl]

Food. Nutricion

35. Food

meat	vleis	[flæjs]
chicken	hoender	[hundər]
poussin	braaikuiken	[brāj·kœiken]
duck	eend	[eent]
goose	gans	[χaŋs]
game	wild	[vilt]
turkey	kalkoen	[kalkun]
pork	varkvleis	[fark·flæjs]
veal	kalfsvleis	[kalfs·flæjs]
lamb	lamsvleis	[lams·flæjs]
beef	beesvleis	[beəs·flæjs]
rabbit	konynvleis	[konajn·flæjs]
sausage (bologna, etc.)	wors	[vors]
vienna sausage (frankfurter)	Weense worsie	[veɛŋsə vorsi]
bacon	spek	[spek]
ham	ham	[ham]
gammon	gerookte ham	[χeroəktə ham]
pâté	patee	[pateə]
liver	lewer	[lewər]
mince (minced meat)	maalvleis	[māl·flæjs]
tongue	tong	[toŋ]
egg	eier	[æjer]
eggs	eiers	[æjers]
egg white	eierwit	[æjer·wit]
egg yolk	dooier	[dojer]
fish	vis	[fis]
seafood	seekos	[seə·kos]
crustaceans	skaaldiere	[skāldirə]
caviar	kaviaar	[kafiār]
crab	krab	[krap]
prawn	garnaal	[χarnāl]
oyster	oester	[ustər]
spiny lobster	seekreef	[seə·kreəf]
octopus	seekat	[seə·kat]
squid	pylinkvis	[pajl·inkfis]
sturgeon	steur	[støər]
salmon	salm	[salm]
halibut	heilbot	[hæjlbot]
cod	kabeljou	[kabeljæʊ]

mackerel	makriel	[makril]
tuna	tuna	[tuna]
eel	paling	[paliŋ]

trout	forel	[forəl]
sardine	sardyn	[sardajn]
pike	varswatersnoek	[farswatər·snuk]
herring	haring	[hariŋ]

bread	brood	[broət]
cheese	kaas	[kās]
sugar	suiker	[sœikər]
salt	sout	[sæʊt]

rice	rys	[rajs]
pasta (macaroni)	pasta	[pasta]
noodles	noedels	[nudɛls]

butter	botter	[bottər]
vegetable oil	plantaardige olie	[plantārdiχə oli]
sunflower oil	sonblomolie	[sonblom·oli]
margarine	margarien	[marχarin]

| olives | olywe | [olajvə] |
| olive oil | olyfolie | [olajf·oli] |

milk	melk	[melk]
condensed milk	kondensmelk	[kondɛŋs·melk]
yogurt	jogurt	[joχurt]
soured cream	suurroom	[sɪr·roəm]
cream (of milk)	room	[roəm]

| mayonnaise | mayonnaise | [majonɛs] |
| buttercream | crème | [krɛm] |

groats (barley ~, etc.)	ontbytgraan	[ontbajt·χrān]
flour	meelblom	[meəl·blom]
tinned food	blikkieskos	[blikkis·kos]

cornflakes	mielievlokkies	[mili·flokkis]
honey	heuning	[høəniŋ]
jam	konfyt	[konfajt]
chewing gum	kougom	[kæʊχom]

36. Drinks

water	water	[vatər]
drinking water	drinkwater	[drink·vatər]
mineral water	mineraalwater	[minerāl·vatər]

still (adj)	sonder gas	[sondər χas]
carbonated (adj)	soda-	[soda-]
sparkling (adj)	bruis-	[brœis-]
ice	ys	[ajs]

with ice	met ys	[met ajs]
non-alcoholic (adj)	nie-alkoholies	[ni-alkoholis]
soft drink	koeldrank	[kul·drank]
refreshing drink	verfrissende drank	[ferfrissendə drank]
lemonade	limonade	[limonadə]

spirits	likeure	[likøərə]
wine	wyn	[vajn]
white wine	witwyn	[vit·vajn]
red wine	rooiwyn	[roj·vajn]

liqueur	likeur	[likøər]
champagne	sjampanje	[ʃampanjə]
vermouth	vermoet	[fermut]

whisky	whisky	[vhiskaj]
vodka	vodka	[fodka]
gin	jenever	[jenefər]
cognac	brandewyn	[brandə·vajn]
rum	rum	[rum]

coffee	koffie	[koffi]
black coffee	swart koffie	[swart koffi]
white coffee	koffie met melk	[koffi met melk]
cappuccino	capuccino	[kaputʃino]
instant coffee	poeierkoffie	[pujer·koffi]

milk	melk	[melk]
cocktail	mengeldrankie	[menχəl·dranki]
milkshake	melkskommel	[melk·skomməl]

juice	sap	[sap]
tomato juice	tamatiesap	[tamati·sap]
orange juice	lemoensap	[lemoən·sap]
freshly squeezed juice	vars geparste sap	[fars χeparstə sap]

beer	bier	[bir]
lager	ligte bier	[liχtə bir]
bitter	donker bier	[donkər bir]

tea	tee	[teə]
black tea	swart tee	[swart teə]
green tea	groen tee	[χrun teə]

37. Vegetables

| vegetables | groente | [χruntə] |
| greens | groente | [χruntə] |

tomato	tamatie	[tamati]
cucumber	komkommer	[komkommər]
carrot	wortel	[vortəl]
potato	aartappel	[ārtappəl]
onion	ui	[œi]

garlic	knoffel	[knoffəl]
cabbage	kool	[koəl]
cauliflower	blomkool	[blom·koəl]
Brussels sprouts	Brusselspruite	[brussɛl·sprœitə]
broccoli	broccoli	[brokoli]

beetroot	beet	[beət]
aubergine	eiervrug	[æjerfruχ]
courgette	vingerskorsie	[fiŋər·skorsi]
pumpkin	pampoen	[pampun]
turnip	raap	[rāp]

parsley	pietersielie	[pitərsili]
dill	dille	[dillə]
lettuce	slaai	[slāi]
celery	seldery	[selderaj]
asparagus	aspersie	[aspersi]
spinach	spinasie	[spinasi]

pea	ertjie	[ɛrki]
beans	boontjies	[boənkis]
maize	mielie	[mili]
kidney bean	nierboontjie	[nir·boənki]

sweet paper	paprika	[paprika]
radish	radys	[radajs]
artichoke	artisjok	[artiʃok]

38. Fruits. Nuts

fruit	vrugte	[fruχtə]
apple	appel	[ɑppol]
pear	peer	[peər]
lemon	suurlemoen	[sɪr·lemun]
orange	lemoen	[lemun]
strawberry (garden ~)	aarbei	[ārbæj]

tangerine	nartjie	[narki]
plum	pruim	[prœim]
peach	perske	[perskə]
apricot	appelkoos	[appɛlkoəs]
raspberry	framboos	[framboəs]
pineapple	pynappel	[pajnappəl]

banana	piesang	[pisaŋ]
watermelon	waatlemoen	[vãtlemun]
grape	druif	[drœif]
cherry	kersie	[kersi]
sour cherry	suurkersie	[sɪr·kersi]
sweet cherry	soetkersie	[sut·kersi]
melon	spanspek	[spaŋspek]

| grapefruit | pomelo | [pomelo] |
| avocado | avokado | [afokado] |

papaya	papaja	[papaja]
mango	mango	[manχo]
pomegranate	granaat	[χranãt]
redcurrant	rooi aalbessie	[roj ãlbɛssi]
blackcurrant	swartbessie	[swartbɛssi]
gooseberry	appliefie	[appɛllifi]
bilberry	bosbessie	[bosbɛssi]
blackberry	braambessie	[brãmbɛssi]
raisin	rosyntjie	[rosajnki]
fig	vy	[faj]
date	dadel	[dadəl]
peanut	grondboontjie	[χront·boənki]
almond	amandel	[amandəl]
walnut	okkerneut	[okkər·nøət]
hazelnut	haselneut	[hasɛl·nøət]
coconut	klapper	[klappər]
pistachios	pistachio	[pistatʃio]

39. Bread. Sweets

bakers' confectionery (pastry)	soet gebak	[sut χebak]
bread	brood	[broət]
biscuits	koekies	[kukis]
chocolate (n)	sjokolade	[ʃokoladə]
chocolate (as adj)	sjokolade	[ʃokoladə]
candy (wrapped)	lekkers	[lɛkkərs]
cake (e.g. cupcake)	koek	[kuk]
cake (e.g. birthday ~)	koek	[kuk]
pie (e.g. apple ~)	pastei	[pastæj]
filling (for cake, pie)	vulsel	[fulsəl]
jam (whole fruit jam)	konfyt	[konfajt]
marmalade	marmelade	[marmeladə]
wafers	wafels	[vafɛls]
ice-cream	roomys	[roəm·ajs]
pudding (Christmas ~)	poeding	[pudiŋ]

40. Cooked dishes

course, dish	gereg	[χerəχ]
cuisine	kookkuns	[koək·kuns]
recipe	resep	[resep]
portion	porsie	[porsi]
salad	slaai	[slãi]
soup	sop	[sop]
clear soup (broth)	helder sop	[hɛldər sop]

sandwich (bread)	toebroodjie	[tubroedʒi]
fried eggs	gabakte eiers	[χabaktə æjers]
hamburger (beefburger)	hamburger	[hamburχər]
beefsteak	biefstuk	[bifstuk]
side dish	sygereg	[saj·χerəχ]
spaghetti	spaghetti	[spaχɛtti]
mash	kapokaartappels	[kapok·ārtappəls]
pizza	pizza	[pizza]
porridge (oatmeal, etc.)	pap	[pap]
omelette	omelet	[omələt]
boiled (e.g. ~ beef)	gekook	[χekoək]
smoked (adj)	gerook	[χeroək]
fried (adj)	gebak	[χebak]
dried (adj)	gedroog	[χedroəχ]
frozen (adj)	gevries	[χefris]
pickled (adj)	gepiekel	[χepikəl]
sweet (sugary)	soet	[sut]
salty (adj)	sout	[sæʊt]
cold (adj)	koud	[kæʊt]
hot (adj)	warm	[varm]
bitter (adj)	bitter	[bittər]
tasty (adj)	smaaklik	[smāklik]
to cook in boiling water	kook in water	[koək in vatər]
to cook (dinner)	kook	[koək]
to fry (vt)	braai	[braj]
to heat up (food)	opwarm	[opwarm]
to salt (vt)	sout	[sæʊt]
to pepper (vt)	peper	[pɔpor]
to grate (vt)	rasp	[rasp]
peel (n)	skil	[skil]
to peel (vt)	skil	[skil]

41. Spices

salt	sout	[sæʊt]
salty (adj)	sout	[sæʊt]
to salt (vt)	sout	[sæʊt]
black pepper	swart peper	[swart pepər]
red pepper (milled ~)	rooi peper	[roj pepər]
mustard	mosterd	[mostert]
horseradish	peperwortel	[peper·wortəl]
condiment	smaakmiddel	[smāk·middəl]
spice	spesery	[spesəraj]
sauce	sous	[sæʊs]
vinegar	asyn	[asajn]
anise	anys	[anajs]

basil	basilikum	[basilikum]
cloves	naeltjies	[naɛlkis]
ginger	gemmer	[χɛmmər]
coriander	koljander	[koljandər]
cinnamon	kaneel	[kaneəl]
sesame	sesamsaad	[sesam·sāt]
bay leaf	lourierblaar	[læʊrir·blār]
paprika	paprika	[paprika]
caraway	komynsaad	[komajnsāt]
saffron	saffraan	[saffrān]

42. Meals

food	kos	[kos]
to eat (vi, vt)	eet	[eət]
breakfast	ontbyt	[ontbajt]
to have breakfast	ontbyt	[ontbajt]
lunch	middagete	[middaχ·etə]
to have lunch	gaan eet	[χān eət]
dinner	aandete	[āndetə]
to have dinner	aandete gebruik	[āndetə χebrœik]
appetite	aptyt	[aptajt]
Enjoy your meal!	Smaaklike ete!	[smāklikə etə!]
to open (~ a bottle)	oopmaak	[oəpmāk]
to spill (liquid)	mors	[mors]
to spill out (vi)	mors	[mors]
to boil (vi)	kook	[koək]
to boil (vt)	kook	[koək]
boiled (~ water)	gekook	[χekoək]
to chill, cool down (vt)	laat afkoel	[lāt afkul]
to chill (vi)	afkoel	[afkul]
taste, flavour	smaak	[smāk]
aftertaste	nasmaak	[nasmāk]
to slim down (lose weight)	vermaer	[fermaər]
diet	dieet	[diət]
vitamin	vitamien	[fitamin]
calorie	kalorie	[kalori]
vegetarian (n)	vegetariër	[feχetariɛr]
vegetarian (adj)	vegetaries	[feχetaris]
fats (nutrient)	vette	[fɛttə]
proteins	proteïen	[proteïen]
carbohydrates	koolhidrate	[koəlhidratə]
slice (of lemon, ham)	snytjie	[snajki]
piece (of cake, pie)	stuk	[stuk]
crumb (of bread, cake, etc.)	krummel	[krummel]

43. Table setting

spoon	lepel	[lepəl]
knife	mes	[mes]
fork	vurk	[furk]
cup (e.g., coffee ~)	koppie	[koppi]
plate (dinner ~)	bord	[bort]
saucer	piering	[piriŋ]
serviette	servet	[serfət]
toothpick	tandestokkie	[tandə·stokki]

44. Restaurant

restaurant	restaurant	[restɔurant]
coffee bar	koffiekroeg	[koffi·kruχ]
pub, bar	kroeg	[kruχ]
tearoom	teekamer	[teə·kamər]
waiter	kelner	[kɛlnər]
waitress	kelnerin	[kɛlnərin]
barman	kroegman	[kruχman]
menu	spyskaart	[spajs·kārt]
wine list	wyn	[vajn]
to book a table	wynkaart	[vajn·kārt]
course, dish	gereg	[χerəχ]
to order (meal)	bestel	[bestəl]
to make an order	bestel	[bestəl]
aperitif	drankie	[dranki]
starter	voorgereg	[foərχerəχ]
dessert, pudding	nagereg	[naχerəχ]
bill	rekening	[rekəniŋ]
to pay the bill	die rekening betaal	[di rekəniŋ betāl]
to give change	kleingeld gee	[klæjn·χɛlt χeə]
tip	fooitjie	[fojki]

Family, relatives and friends

45. Personal information. Forms

name (first name)	**voornaam**	[foərnām]
surname (last name)	**van**	[fan]
date of birth	**geboortedatum**	[χeboərtə·datum]
place of birth	**geboorteplek**	[χeboərtə·plek]
nationality	**nasionaliteit**	[naʃionalitæjt]
place of residence	**woonplek**	[voən·plek]
country	**land**	[lant]
profession (occupation)	**beroep**	[berup]
gender, sex	**geslag**	[χeslaχ]
height	**lengte**	[leŋtə]
weight	**gewig**	[χeveχ]

46. Family members. Relatives

mother	**moeder**	[mudər]
father	**vader**	[fadər]
son	**seun**	[søən]
daughter	**dogter**	[doχtər]
younger daughter	**jonger dogter**	[joŋər doχtər]
younger son	**jonger seun**	[joŋər søən]
eldest daughter	**oudste dogter**	[æudstə doχtər]
eldest son	**oudste seun**	[æudstə søən]
brother	**broer**	[brur]
elder brother	**ouer broer**	[æuer brur]
younger brother	**jonger broer**	[joŋər brur]
sister	**suster**	[sustər]
elder sister	**ouer suster**	[æuer sustər]
younger sister	**jonger suster**	[joŋər sustər]
cousin (masc.)	**neef**	[neəf]
cousin (fem.)	**neef**	[neəf]
mummy	**ma**	[ma]
dad, daddy	**pa**	[pa]
parents	**ouers**	[æuers]
child	**kind**	[kint]
children	**kinders**	[kindərs]
grandmother	**ouma**	[æumа]
grandfather	**oupa**	[æupa]

grandson	kleinseun	[klæjn·søən]
granddaughter	kleindogter	[klæjn·doχtər]
grandchildren	kleinkinders	[klæjn·kindərs]
uncle	oom	[oəm]
aunt	tante	[tantə]
nephew	neef	[neəf]
niece	nig	[niχ]
mother-in-law (wife's mother)	skoonma	[skoən·ma]
father-in-law (husband's father)	skoonpa	[skoən·pa]
son-in-law (daughter's husband)	skoonseun	[skoən·søən]
stepmother	stiefma	[stifma]
stepfather	stiefpa	[stifpa]
infant	baba	[baba]
baby (infant)	baba	[baba]
little boy, kid	seuntjie	[søənki]
wife	vrou	[fræʊ]
husband	man	[man]
spouse (husband)	eggenoot	[ɛχχenoət]
spouse (wife)	eggenote	[ɛχχenotə]
married (masc.)	getroud	[χetræʊt]
married (fem.)	getroud	[χetræʊt]
single (unmarried)	ongetroud	[onχətræʊt]
bachelor	vrygesel	[frajχesəl]
divorced (masc.)	geskei	[χeskæj]
widow	weduwee	[veduveə]
widower	wedunaar	[vɐdunãr]
relative	familielid	[famililit]
close relative	na familie	[na famili]
distant relative	ver familie	[fer famili]
relatives	familielede	[famililedə]
orphan (boy or girl)	weeskind	[veəskint]
guardian (of a minor)	voog	[foəχ]
to adopt (a boy)	aanneem	[ãnneəm]
to adopt (a girl)	aanneem	[ãnneəm]

Medicine

47. Diseases

illness	siekte	[siktə]
to be ill	siek wees	[sik veəs]
health	gesondheid	[χesonthæjt]
runny nose (coryza)	loopneus	[loəpnøəs]
tonsillitis	keelontsteking	[keəl·ontstekiŋ]
cold (illness)	verkoue	[ferkæʊə]
bronchitis	bronchitis	[bronχitis]
pneumonia	longontsteking	[loŋ·ontstekiŋ]
flu, influenza	griep	[χrip]
shortsighted (adj)	bysiende	[bajsində]
longsighted (adj)	versiende	[fersində]
strabismus (crossed eyes)	skeelheid	[skeəlhæjt]
squint-eyed (adj)	skeel	[skeəl]
cataract	katarak	[katarak]
glaucoma	gloukoom	[χlæʊkoəm]
stroke	beroerte	[berurtə]
heart attack	hartaanval	[hart·ānfal]
myocardial infarction	hartinfark	[hart·infark]
paralysis	verlamming	[ferlammiŋ]
to paralyse (vt)	verlam	[ferlam]
allergy	allergie	[allerχi]
asthma	asma	[asma]
diabetes	suikersiekte	[sœikər·siktə]
toothache	tandpyn	[tand·pajn]
caries	tandbederf	[tand·bederf]
diarrhoea	diarree	[diarreə]
constipation	hardlywigheid	[hardlajviχæjt]
stomach upset	maagongesteldheid	[māχ·oŋəstɛldhæjt]
food poisoning	voedselvergiftiging	[fudsəl·ferχiftəχiŋ]
to get food poisoning	voedselvergiftiging kry	[fudsəl·ferχiftəχiŋ kraj]
arthritis	artritis	[artritis]
rickets	Engelse siekte	[ɛŋəlsə siktə]
rheumatism	reumatiek	[røəmatik]
atherosclerosis	artrosklerose	[artroskleroəsə]
gastritis	maagontsteking	[māχ·ontstekiŋ]
appendicitis	blindedermontsteking	[blindəderm·ontstekiŋ]
cholecystitis	galblaasontsteking	[χalblās·ontstekiŋ]

ulcer	maagsweer	[māχsweər]
measles	masels	[masɛls]
rubella (German measles)	Duitse masels	[dœitsə masɛls]
jaundice	geelsug	[χeelsuχ]
hepatitis	hepatitis	[hepatitis]

schizophrenia	skisofrenie	[skisofreni]
rabies (hydrophobia)	hondsdolheid	[hondsdolhæjt]
neurosis	neurose	[nøərosə]
concussion	harsingskudding	[harsiŋ·skuddiŋ]

cancer	kanker	[kankər]
sclerosis	sklerose	[sklerosə]
multiple sclerosis	veelvuldige sklerose	[feelfuldiχə sklerosə]

alcoholism	alkoholisme	[alkoholismə]
alcoholic (n)	alkoholikus	[alkoholikus]
syphilis	sifilis	[sifilis]
AIDS	VIGS	[vigs]

tumour	tumor	[tumor]
malignant (adj)	kwaadaardig	[kwādārdəχ]
benign (adj)	goedaardig	[χudārdəχ]

fever	koors	[koərs]
malaria	malaria	[malaria]
gangrene	gangreen	[χanχreən]
seasickness	seesiekte	[see·siktə]
epilepsy	epilepsie	[ɛpilepsi]

epidemic	epidemie	[ɛpidemi]
typhus	tifus	[tifus]
tuberculosis	tuberkulose	[tuberkulosə]
cholera	cholera	[χolera]
plague (bubonic ~)	pes	[pes]

48. Symptoms. Treatments. Part 1

symptom	simptoom	[simptoəm]
temperature	temperatuur	[temperatɪr]
high temperature (fever)	koors	[koərs]
pulse (heartbeat)	polsslag	[pols·slaχ]

dizziness (vertigo)	duiseligheid	[dœiseliχæjt]
hot (adj)	warm	[varm]
shivering	koue rillings	[kæʋə rilliŋs]
pale (e.g. ~ face)	bleek	[bleək]

cough	hoes	[hus]
to cough (vi)	hoes	[hus]
to sneeze (vi)	nies	[nis]
faint	floute	[flæʋtə]
to faint (vi)	flou word	[flæʋ vort]
bruise (hématome)	blou kol	[blæʋ kol]

bump (lump)	knop	[knop]
to bang (bump)	stamp	[stamp]
contusion (bruise)	besering	[beseriŋ]

to limp (vi)	hink	[hink]
dislocation	ontwrigting	[ontwriχtiŋ]
to dislocate (vt)	ontwrig	[ontwrəχ]
fracture	breuk	[brøək]
to have a fracture	n breuk hê	[n brøək hɛ:]

cut (e.g. paper ~)	sny	[snaj]
to cut oneself	jouself sny	[jæusɛlf snaj]
bleeding	bloeding	[bludiŋ]

burn (injury)	brandwond	[brant·vont]
to get burned	jouself brand	[jæusɛlf brant]

to prick (vt)	prik	[prik]
to prick oneself	jouself prik	[jæusɛlf prik]
to injure (vt)	seermaak	[seərmãk]
injury	besering	[beseriŋ]
wound	wond	[vont]
trauma	trauma	[trɔuma]

to be delirious	yl	[ajl]
to stutter (vi)	stotter	[stottər]
sunstroke	sonsteek	[sɔŋ·steək]

49. Symptoms. Treatments. Part 2

pain, ache	pyn	[pajn]
splinter (in foot, etc.)	splinter	[splintər]

sweat (perspiration)	sweet	[sweət]
to sweat (perspire)	sweet	[sweət]
vomiting	braak	[brãk]
convulsions	stuiptrekkings	[stœip·trɛkkiŋs]

pregnant (adj)	swanger	[swaŋər]
to be born	gebore word	[χeborə vort]
delivery, labour	geboorte	[χeboərtə]
to deliver (~ a baby)	baar	[bãr]
abortion	aborsie	[aborsi]

breathing, respiration	asemhaling	[asemhaliŋ]
in-breath (inhalation)	inaseming	[inasemiŋ]
out-breath (exhalation)	uitaseming	[œitasemiŋ]
to exhale (breathe out)	uitasem	[œitasem]
to inhale (vi)	inasem	[inasem]

disabled person	invalide	[infalidə]
cripple	kreupel	[krøəpəl]
drug addict	dwelmslaaf	[dwɛlm·slãf]
deaf (adj)	doof	[doəf]

mute (adj)	stom	[stom]
deaf mute (adj)	doofstom	[doəf·stom]

mad, insane (adj)	swaksinnig	[swaksinnəχ]
madman (demented person)	kranksinnige	[kranksinniχə]
madwoman	kranksinnige	[kranksinniχə]
to go insane	kranksinnig word	[kranksinnəχ vort]

gene	geen	[χeən]
immunity	immuniteit	[immunitæjt]
hereditary (adj)	erflik	[ɛrflik]
congenital (adj)	aangebore	[ānχəborə]

virus	virus	[firus]
microbe	mikrobe	[mikrobə]
bacterium	bakterie	[bakteri]
infection	infeksie	[infeksi]

50. Symptoms. Treatments. Part 3

hospital	hospitaal	[hospitāl]
patient	pasiënt	[pasiɛnt]

diagnosis	diagnose	[diaχnosə]
cure	genesing	[χenesiŋ]
medical treatment	mediese behandeling	[medisə behandəliŋ]
to get treatment	behandeling kry	[behandəliŋ kraj]
to treat (~ a patient)	behandel	[behandəl]
to nurse (look after)	versorg	[fersorχ]
care (nursing ~)	versorging	[fersorχiŋ]

operation, surgery	operasie	[operasi]
to bandage (head, limb)	verbind	[ferbint]
bandaging	verband	[ferbant]

vaccination	inenting	[inɛntiŋ]
to vaccinate (vt)	inent	[inɛnt]
injection	inspuiting	[inspœitiŋ]

attack	aanval	[ānfal]
amputation	amputasie	[amputasi]
to amputate (vt)	amputeer	[amputeər]
coma	koma	[koma]
intensive care	intensiewe sorg	[intɛnsivə sorχ]

to recover (~ from flu)	herstel	[herstəl]
condition (patient's ~)	kondisie	[kondisi]
consciousness	bewussyn	[bevussajn]
memory (faculty)	geheue	[χəhøə]

to pull out (tooth)	trek	[trek]
filling	vulsel	[fulsəl]
to fill (a tooth)	vul	[ful]

hypnosis	hipnose	[hipnosə]
to hypnotize (vt)	hipnotiseer	[hipnotiseer]

51. Doctors

doctor	dokter	[doktər]
nurse	verpleegster	[ferpleəχ·stər]
personal doctor	lyfarts	[lajf·arts]
dentist	tandarts	[tand·arts]
optician	oogarts	[oəχ·arts]
general practitioner	internis	[internis]
surgeon	chirurg	[ʃirurχ]
psychiatrist	psigiater	[psiχiatər]
paediatrician	kinderdokter	[kindər·doktər]
psychologist	sielkundige	[silkundiχə]
gynaecologist	ginekoloog	[χinekoloəχ]
cardiologist	kardioloog	[kardioloəχ]

52. Medicine. Drugs. Accessories

medicine, drug	medisyn	[medisajn]
remedy	geneesmiddel	[χeneəs·middəl]
to prescribe (vt)	voorskryf	[foərskrajf]
prescription	voorskrif	[foərskrif]
tablet, pill	pil	[pil]
ointment	salf	[salf]
ampoule	ampul	[ampul]
mixture, solution	mengsel	[meŋsəl]
syrup	stroop	[stroəp]
capsule	pil	[pil]
powder	poeier	[pujer]
gauze bandage	verband	[ferbant]
cotton wool	watte	[vattə]
iodine	iodium	[iodium]
plaster	pleister	[plæjstər]
eyedropper	oogdrupper	[oəχ·druppər]
thermometer	termometer	[termometər]
syringe	spuitnaald	[spœit·nãlt]
wheelchair	rolstoel	[rol·stul]
crutches	krukke	[krukkə]
painkiller	pynstiller	[pajn·stillər]
laxative	lakseermiddel	[laksəer·middəl]
spirits (ethanol)	spiritus	[spiritus]
medicinal herbs	geneeskragtige kruie	[χeneəs·kraχtiχə krœiə]
herbal (~ tea)	kruie-	[krœie-]

HUMAN HABITAT

City

53. City. Life in the city

city, town	stad	[stat]
capital city	hoofstad	[hoəf·stat]
village	dorp	[dorp]
city map	stadskaart	[stats·kārt]
city centre	sentrum	[sentrum]
suburb	voorstad	[foərstat]
suburban (adj)	voorstedelik	[foərstedelik]
outskirts	buitewyke	[bœitəvajkə]
environs (suburbs)	omgewing	[omχeviŋ]
city block	stadswyk	[stats·wajk]
residential block (area)	woonbuurt	[voənbɪrt]
traffic	verkeer	[ferkeər]
traffic lights	robot	[robot]
public transport	openbare vervoer	[openbarə ferfur]
crossroads	kruispunt	[krœis·punt]
zebra crossing	sebraoorgang	[sebra·oərχaŋ]
pedestrian subway	voetgangertonnel	[futχaŋər tonnɔl]
to cross (~ the street)	oorsteek	[oərsteək]
pedestrian	voetganger	[futχaŋər]
pavement	sypaadjie	[saj·pādʒi]
bridge	brug	[bruχ]
embankment (river walk)	wal	[val]
fountain	fontein	[fontæjn]
allée (garden walkway)	laning	[laniŋ]
park	park	[park]
boulevard	boulevard	[bulefar]
square	plein	[plæjn]
avenue (wide street)	laan	[lān]
street	straat	[strāt]
side street	systraat	[saj·strāt]
dead end	doodloopstraat	[doədloəp·strāt]
house	huis	[hœis]
building	gebou	[χebæʋ]
skyscraper	wolkekrabber	[volkə·krabbər]
facade	gewel	[χevəl]
roof	dak	[dak]

window	venster	[fɛŋstər]
arch	arkade	[arkadə]
column	kolom	[kolom]
corner	hoek	[huk]

shop window	uitstalraam	[œitstalrām]
signboard (store sign, etc.)	reklamebord	[reklamə·bort]
poster (e.g., playbill)	plakkaat	[plakkāt]
advertising poster	reklameplakkaat	[reklamə·plakkāt]
hoarding	aanplakbord	[ānplakbort]

rubbish	vullis	[fullis]
rubbish bin	vullisbak	[fullis·bak]
to litter (vi)	rommel strooi	[rommǝl stroj]
rubbish dump	vullishoop	[fullis·hoəp]

telephone box	telefoonhokkie	[telefoən·hokki]
lamppost	lamppaal	[lamp·pāl]
bench (park ~)	bank	[bank]

police officer	polisieman	[polisi·man]
police	polisie	[polisi]
beggar	bedelaar	[bedelār]
homeless (n)	daklose	[daklosə]

54. Urban institutions

shop	winkel	[vinkəl]
chemist, pharmacy	apteek	[apteek]
optician (spectacles shop)	optisiën	[optisiɛn]
shopping centre	winkelsentrum	[vinkəl·sentrum]
supermarket	supermark	[supermark]

bakery	bakkery	[bakkeraj]
baker	bakker	[bakkər]
cake shop	banketbakkery	[banket·bakkeraj]
grocery shop	kruidenierswinkel	[krœidenirs·vinkəl]
butcher shop	slagter	[slaχtər]

| greengrocer | groentewinkel | [χruntə·vinkəl] |
| market | mark | [mark] |

coffee bar	koffiekroeg	[koffi·kruχ]
restaurant	restaurant	[restourant]
pub, bar	kroeg	[kruχ]
pizzeria	pizzeria	[pizzeria]

hairdresser	haarsalon	[hār·salon]
post office	poskantoor	[pos·kantoər]
dry cleaners	droogskoonmakers	[droəχ·skoən·makers]
photo studio	fotostudio	[foto·studio]

| shoe shop | skoenwinkel | [skun·vinkəl] |
| bookshop | boekhandel | [buk·handəl] |

sports shop	sportwinkel	[sport·vinkəl]
clothes repair shop	klereherstelwinkel	[klerə·herstəl·vinkəl]
formal wear hire	klereverhuurwinkel	[klerə·ferhɪr·vinkəl]
video rental shop	videowinkel	[video·vinkəl]

circus	sirkus	[sirkus]
zoo	dieretuin	[dirə·tœin]
cinema	bioskoop	[bioskoəp]
museum	museum	[musøəm]
library	biblioteek	[biblioteək]

theatre	teater	[teatər]
opera (opera house)	opera	[opera]
nightclub	nagklub	[naχ·klup]
casino	kasino	[kasino]

mosque	moskee	[moskeə]
synagogue	sinagoge	[sinaχoχə]
cathedral	katedraal	[katedrāl]
temple	tempel	[tempəl]
church	kerk	[kerk]

college	kollege	[kolledʒ]
university	universiteit	[unifersitæjt]
school	skool	[skoəl]

prefecture	stadhuis	[stat·hœis]
town hall	stadhuis	[stat·hœis]
hotel	hotel	[hotəl]
bank	bank	[bank]

embassy	ambassade	[ambassadə]
travel agency	reisagentskap	[ræjs·aχentskap]
information office	inligtingskantoor	[ɪnlɪχtlɪŋs·kantoor]
currency exchange	wisselkantoor	[vissəl·kantoər]

| underground, tube | metro | [metro] |
| hospital | hospitaal | [hospitāl] |

| petrol station | petrolstasie | [petrol·stasi] |
| car park | parkeerterrein | [parkeər·terræjn] |

55. Signs

signboard (store sign, etc.)	reklamebord	[reklamə·bort]
notice (door sign, etc.)	kennisgewing	[kɛnnis·χeviŋ]
poster	plakkaat	[plakkāt]
direction sign	rigtingwyser	[riχtiŋ·wajsər]
arrow (sign)	pyl	[pajl]

caution	waarskuwing	[vārskuviŋ]
warning sign	waarskuwingsbord	[vārskuviŋs·bort]
to warn (vt)	waarsku	[vārsku]
rest day (weekly ~)	rusdag	[rusdaχ]

timetable (schedule)	diensrooster	[diŋs·roəstər]
opening hours	besigheidsure	[besiχæjts·urə]
WELCOME!	WELKOM!	[vɛlkom!]
ENTRANCE	INGANG	[inχaŋ]
WAY OUT	UITGANG	[œitχaŋ]
PUSH	STOOT	[stoət]
PULL	TREK	[trek]
OPEN	OOP	[oəp]
CLOSED	GESLUIT	[χeslœit]
WOMEN	DAMES	[dames]
MEN	MANS	[maŋs]
DISCOUNTS	AFSLAG	[afslaχ]
SALE	UITVERKOPING	[œitferkopiŋ]
NEW!	NUUT!	[nɪt!]
FREE	GRATIS	[χratis]
ATTENTION!	PAS OP!	[pas op!]
NO VACANCIES	VOLBESPREEK	[folbespreək]
RESERVED	BESPREEK	[bespreək]
ADMINISTRATION	ADMINISTRASIE	[administrasi]
STAFF ONLY	SLEGS PERSONEEL	[sleχs personeəl]
BEWARE OF THE DOG!	PAS OP VIR DIE HOND!	[pas op fir di hont!]
NO SMOKING	ROOK VERBODE	[roək ferbodə]
DO NOT TOUCH!	NIE AANRAAK NIE!	[ni ānrāk ni!]
DANGEROUS	GEVAARLIK	[χefārlik]
DANGER	GEVAAR	[χefār]
HIGH VOLTAGE	HOOGSPANNING	[hoəχ·spanniŋ]
NO SWIMMING!	NIE SWEM NIE	[ni swem ni]
OUT OF ORDER	BUITE WERKING	[bœitə verkiŋ]
FLAMMABLE	ONTVLAMBAAR	[ontflambār]
FORBIDDEN	VERBODE	[ferbodə]
NO TRESPASSING!	TOEGANG VERBODE!	[tuχaŋ ferbode!]
WET PAINT	NAT VERF	[nat ferf]

56. Urban transport

bus, coach	bus	[bus]
tram	trem	[trem]
trolleybus	trembus	[trembus]
route (bus ~)	busroete	[bus·rutə]
number (e.g. bus ~)	nommer	[nommər]
to go by ...	ry per ...	[raj pər ...]
to get on (~ the bus)	inklim	[inklim]
to get off ...	uitklim ...	[œitklim ...]
stop (e.g. bus ~)	halte	[haltə]

next stop	volgende halte	[folχendə haltə]
terminus	eindpunt	[æjnd·punt]
timetable	diensrooster	[diŋs·roəstər]
to wait (vt)	wag	[vaχ]

| ticket | kaartjie | [kārki] |
| fare | reistarief | [ræjs·tarif] |

cashier (ticket seller)	kaartjieverkoper	[kārki·ferkopər]
ticket inspection	kaartjiekontrole	[kārki·kontrolə]
ticket inspector	kontroleur	[kontroløər]

to be late (for …)	laat wees	[lāt veəs]
to miss (~ the train, etc.)	mis	[mis]
to be in a hurry	haastig wees	[hāstəχ veəs]

taxi, cab	taxi	[taksi]
taxi driver	taxibestuurder	[taksi·bestɪrdər]
by taxi	per taxi	[pər taksi]
taxi rank	taxistaanplek	[taksi·stānplek]

traffic	verkeer	[ferkeər]
traffic jam	verkeersknoop	[ferkeərs·knoəp]
rush hour	spitsuur	[spits·ɪr]
to park (vi)	parkeer	[parkeər]
to park (vt)	parkeer	[parkeər]
car park	parkeerterrein	[parkeər·terræjn]

underground, tube	metro	[metro]
station	stasie	[stasi]
to take the tube	die metro vat	[di metro fat]
train	trein	[træjn]
train station	treinstasie	[træjn·stasi]

57. Sightseeing

monument	monument	[monument]
fortress	fort	[fort]
palace	paleis	[palæjs]
castle	kasteel	[kasteəl]
tower	toring	[toriŋ]
mausoleum	mausoleum	[mɔusoløəm]

architecture	argitektuur	[arχitektɪr]
medieval (adj)	Middeleeus	[middeliʊs]
ancient (adj)	oud	[æʊt]
national (adj)	nasionaal	[naʃionāl]
famous (monument, etc.)	bekend	[bekent]

tourist	toeris	[turis]
guide (person)	gids	[χids]
excursion, sightseeing tour	uitstappie	[œitstappi]
to show (vt)	wys	[vajs]
to tell (vt)	vertel	[fertəl]

to find (vt)	vind	[fint]
to get lost (lose one's way)	verdwaal	[ferdwāl]
map (e.g. underground ~)	kaart	[kārt]
map (e.g. city ~)	kaart	[kārt]

souvenir, gift	aandenking	[āndenkiŋ]
gift shop	geskenkwinkel	[χeskɛnk·vinkəl]
to take pictures	fotografeer	[fotoχrafeər]
to have one's picture taken	jou portret laat maak	[jæʊ portret lāt māk]

58. Shopping

to buy (purchase)	koop	[koəp]
shopping	aankoop	[ānkoəp]
to go shopping	inkopies doen	[inkopis dun]
shopping	inkoop	[inkoəp]

| to be open (ab. shop) | oop wees | [oəp veəs] |
| to be closed | toe wees | [tu veəs] |

footwear, shoes	skoeisel	[skuisəl]
clothes, clothing	klere	[klerə]
cosmetics	kosmetika	[kosmetika]
food products	voedingsware	[fudiŋs·warə]
gift, present	present	[present]

| shop assistant (masc.) | verkoper | [ferkopər] |
| shop assistant (fem.) | verkoopsdame | [ferkoəps·damə] |

cash desk	kassier	[kassir]
mirror	spieël	[spiɛl]
counter (shop ~)	toonbank	[toən·bank]
fitting room	paskamer	[pas·kamər]

to try on	aanpas	[ānpas]
to fit (ab. dress, etc.)	pas	[pas]
to fancy (vt)	hou van	[hæʊ fan]

price	prys	[prajs]
price tag	pryskaartjie	[prajs·kārki]
to cost (vt)	kos	[kos]
How much?	Hoeveel?	[hufeəl?]
discount	afslag	[afslaχ]

| inexpensive (adj) | billik | [billik] |
| cheap (adj) | goedkoop | [χudkoəp] |

| expensive (adj) | duur | [dɪr] |
| It's expensive | dis duur | [dis dɪr] |

hire (n)	verhuur	[ferhɪr]
to hire (~ a dinner jacket)	verhuur	[ferhɪr]
credit (trade credit)	krediet	[kredit]
on credit (adv)	op krediet	[op kredit]

59. Money

money	geld	[xɛlt]
currency exchange	valutaruil	[faluta·rœil]
exchange rate	wisselkoers	[vissəl·kurs]
cashpoint	OTM	[o·te·em]
coin	muntstuk	[muntstuk]
dollar	dollar	[dollar]
euro	euro	[øəro]
lira	lira	[lira]
Deutschmark	Duitse mark	[dœitsə mark]
franc	frank	[frank]
pound sterling	pond sterling	[pont sterliŋ]
yen	yen	[jɛn]
debt	skuld	[skult]
debtor	skuldenaar	[skuldenãr]
to lend (money)	uitleen	[œitleən]
to borrow (vi, vt)	leen	[leən]
bank	bank	[bank]
account	rekening	[rekəniŋ]
to deposit (vt)	deponeer	[deponeər]
to withdraw (vt)	trek	[trek]
credit card	kredietkaart	[kredit·kãrt]
cash	kontant	[kontant]
cheque	tjek	[ʧek]
chequebook	tjekboek	[ʧek·buk]
wallet	beursie	[bøərsi]
purse	muntstukbeursie	[muntstuk·bøərsi]
safe	brandkas	[brant·kas]
heir	erfgenaam	[ɛrfxənãm]
inheritance	erfenis	[ɛrfenis]
fortune (wealth)	fortuin	[fortœin]
lease	huur	[hɪr]
rent (money)	huur	[hɪr]
to rent (sth from sb)	huur	[hɪr]
price	prys	[prajs]
cost	prys	[prajs]
sum	som	[som]
to spend (vt)	spandeer	[spandeər]
expenses	onkoste	[onkostə]
to economize (vi, vt)	besuinig	[besœinəx]
economical	ekonomies	[ɛkonomis]
to pay (vi, vt)	betaal	[betãl]
payment	betaling	[betaliŋ]

change (give the ~)	wisselgeld	[vissəl·χɛlt]
tax	belasting	[belastiŋ]
fine	boete	[butə]
to fine (vt)	beboet	[bebut]

60. Post. Postal service

post office	poskantoor	[pos·kantoər]
post (letters, etc.)	pos	[pos]
postman	posbode	[pos·bodə]
opening hours	besigheidsure	[besiχæjts·urə]
letter	brief	[brif]
registered letter	geregistreerde brief	[χereχistreərdə brif]
postcard	poskaart	[pos·kārt]
telegram	telegram	[teleχram]
parcel	pakkie	[pakki]
money transfer	geldoorplasing	[χɛld·oərplasiŋ]
to receive (vt)	ontvang	[ontfaŋ]
to send (vt)	stuur	[stɪr]
sending	versending	[fersendiŋ]
address	adres	[adres]
postcode	poskode	[pos·kodə]
sender	sender	[sendər]
receiver	ontvanger	[ontfaŋər]
name (first name)	voornaam	[foərnām]
surname (last name)	van	[fan]
postage rate	postarief	[pos·tarif]
standard (adj)	standaard	[standārt]
economical (adj)	ekonomies	[ɛkonomis]
weight	gewig	[χevəχ]
to weigh (~ letters)	weeg	[veəχ]
envelope	koevert	[kufert]
postage stamp	posseël	[pos·seɛl]

Dwelling. House. Home

61. House. Electricity

electricity	krag, elektrisiteit	[kraχ], [elektrisitæjt]
light bulb	gloeilamp	[χlui·lamp]
switch	skakelaar	[skakəlār]
fuse (plug fuse)	sekering	[sekəriŋ]
cable, wire (electric ~)	kabel	[kabəl]
wiring	bedrading	[bədradiŋ]
electricity meter	kragmeter	[kraχ·metər]
readings	lesings	[lesiŋs]

62. Villa. Mansion

country house	buitewoning	[bœitə·voniŋ]
country-villa	landhuis	[land·hœis]
wing (~ of a building)	vleuel	[fløəəl]
garden	tuin	[tœin]
park	park	[park]
conservatory (greenhouse)	tropiese kweekhuis	[tropisə kweek·hœis]
to look after (garden, etc.)	versorg	[fersorχ]
swimming pool	swembad	[swem·bat]
gym (home gym)	gim	[χim]
tennis court	tennisbaan	[tɛnnis·bān]
home theater (room)	huisteater	[hœis·teatər]
garage	garage	[χaraʒə]
private property	privaat besit	[prifāt besit]
private land	privaateiendom	[prifāt·æjendom]
warning (caution)	waarskuwing	[vārskuviŋ]
warning sign	waarskuwingsbord	[vārskuviŋs·bort]
security	sekuriteit	[sekuritæjt]
security guard	veiligheidswag	[fæjliχæjts·waχ]
burglar alarm	diefalarm	[dif·alarm]

63. Flat

flat	woonstel	[voəŋstəl]
room	kamer	[kamər]
bedroom	slaapkamer	[slāp·kamər]

dining room	eetkamer	[eet·kamər]
living room	sitkamer	[sit·kamər]
study (home office)	studeerkamer	[studeer·kamər]

entry room	ingangsportaal	[inxaŋs·portāl]
bathroom	badkamer	[bad·kamər]
water closet	toilet	[tojlet]

ceiling	plafon	[plafon]
floor	vloer	[flur]
corner	hoek	[huk]

64. Furniture. Interior

furniture	meubels	[møəbɛls]
table	tafel	[tafel]
chair	stoel	[stul]
bed	bed	[bet]

| sofa, settee | rusbank | [rusbank] |
| armchair | gemakstoel | [xemak·stul] |

| bookcase | boekkas | [buk·kas] |
| shelf | rak | [rak] |

wardrobe	klerekas	[klerə·kas]
coat rack (wall-mounted ~)	kapstok	[kapstok]
coat stand	kapstok	[kapstok]

| chest of drawers | laaikas | [lājkas] |
| coffee table | koffietafel | [koffi·tafəl] |

mirror	spieël	[spiɛl]
carpet	mat	[mat]
small carpet	matjie	[maki]

fireplace	vuurherd	[fɪr·hert]
candle	kers	[kers]
candlestick	kandelaar	[kandelār]

drapes	gordyne	[xordajnə]
wallpaper	muurpapier	[mɪr·papir]
blinds (jalousie)	blindings	[blindiŋs]

| table lamp | tafellamp | [tafel·lamp] |
| wall lamp (sconce) | muurlamp | [mɪr·lamp] |

| standard lamp | staanlamp | [stān·lamp] |
| chandelier | kroonlugter | [kroən·luxtər] |

leg (of a chair, table)	poot	[poət]
armrest	armleuning	[arm·løəniŋ]
back (backrest)	rugleuning	[rux·løəniŋ]
drawer	laai	[lāi]

65. Bedding

bedclothes	beddegoed	[beddə·χut]
pillow	kussing	[kussiŋ]
pillowslip	kussingsloop	[kussiŋ·sloəp]
duvet	duvet	[dufet]
sheet	laken	[laken]
bedspread	bedsprei	[bed·spræj]

66. Kitchen

kitchen	kombuis	[kombœis]
gas	gas	[χas]
gas cooker	gasstoof	[χas·stoəf]
electric cooker	elektriese stoof	[elektrisə stoəf]
oven	oond	[oent]
microwave oven	mikrogolfoond	[mikroχolf·oent]
refrigerator	yskas	[ajs·kas]
freezer	vrieskas	[friskas]
dishwasher	skottelgoedwasser	[skottɛlχud·wassər]
mincer	vleismeul	[flæjs·møəl]
juicer	versapper	[fersappər]
toaster	broodrooster	[broəd·roəstər]
mixer	menger	[meŋər]
coffee machine	koffiemasjien	[koffi·maʃin]
coffee pot	koffiepot	[koffi·pot]
coffee grinder	koffiemeul	[koffi·møəl]
kettle	fluitketel	[flœit·ketəl]
teapot	teepot	[teə·pot]
lid	deksel	[deksəl]
tea strainer	teesiffie	[teə·siffi]
spoon	lepel	[lepəl]
teaspoon	teelepeltjie	[teə·lepəlki]
soup spoon	soplepel	[sop·lepəl]
fork	vurk	[furk]
knife	mes	[mes]
tableware (dishes)	tafelgerei	[tafel·χeræj]
plate (dinner ~)	bord	[bort]
saucer	piering	[piriŋ]
shot glass	likeurglas	[likøər·χlas]
glass (tumbler)	glas	[χlas]
cup	koppie	[koppi]
sugar bowl	suikerpot	[sœikər·pot]
salt cellar	soutvaatjie	[sæʊt·fāki]
pepper pot	pepervaatjie	[pepər·fāki]

butter dish	botterbakkie	[bottər·bakki]
stock pot (soup pot)	soppot	[sop·pot]
frying pan (skillet)	braaipan	[brãj·pan]
ladle	opskeplepel	[opskep·lepəl]
colander	vergiet	[ferχit]
tray (serving ~)	skinkbord	[skink·bort]

bottle	bottel	[bottəl]
jar (glass)	fles	[fles]
tin (can)	blikkie	[blikki]

bottle opener	botteloopmaker	[bottəl·oəpmakər]
tin opener	blikoopmaker	[blik·oəpmakər]
corkscrew	kurktrekker	[kurk·trɛkkər]
filter	filter	[filtər]
to filter (vt)	filter	[filtər]

| waste (food ~, etc.) | vullis | [fullis] |
| waste bin (kitchen ~) | vullisbak | [fullis·bak] |

67. Bathroom

bathroom	badkamer	[bad·kamər]
water	water	[vatər]
tap	kraan	[krãn]
hot water	warme water	[varmə vatər]
cold water	koue water	[kæʊə vatər]

toothpaste	tandepasta	[tandə·pasta]
to clean one's teeth	tande borsel	[tandə borsəl]
toothbrush	tandeborsel	[tandə·borsəl]

to shave (vi)	skeer	[skeər]
shaving foam	skeerroom	[skeər·roəm]
razor	skeermes	[skeər·mes]

to wash (one's hands, etc.)	was	[vas]
to have a bath	bad	[bat]
shower	stort	[stort]
to have a shower	stort	[stort]

bath	bad	[bat]
toilet (toilet bowl)	toilet	[tojlet]
sink (washbasin)	wasbak	[vas·bak]

| soap | seep | [seəp] |
| soap dish | seepbakkie | [seəp·bakki] |

sponge	spons	[spoŋs]
shampoo	sjampoe	[ʃampu]
towel	handdoek	[handduk]
bathrobe	badjas	[batjas]
laundry (laundering)	was	[vas]
washing machine	wasmasjien	[vas·maʃin]

| to do the laundry | die wasgoed was | [di vasχut vas] |
| washing powder | waspoeier | [vas·pujer] |

68. Household appliances

TV, telly	TV-stel	[te·fe-stəl]
tape recorder	bandspeler	[band·spelər]
video	videomasjien	[video·maʃin]
radio	radio	[radio]
player (CD, MP3, etc.)	speler	[spelər]

video projector	videoprojektor	[video·projektor]
home cinema	tuisfliekteater	[tœis·flik·teatər]
DVD player	DVD-speler	[de·fe·de-spelər]
amplifier	versterker	[fersterkər]
video game console	videokonsole	[video·kɔŋsole]

video camera	videokamera	[video·kamera]
camera (photo)	kamera	[kamera]
digital camera	digitale kamera	[diχitalə kamera]

vacuum cleaner	stofsuier	[stof·sœiər]
iron (e.g. steam ~)	strykyster	[strajk·ajstər]
ironing board	strykplank	[strajk·plank]

telephone	telefoon	[telefoən]
mobile phone	selfoon	[sɛlfoən]
typewriter	tikmasjien	[tik·maʃin]
sewing machine	naaimasjien	[naj·maʃin]

microphone	mikrofoon	[mikrofoən]
headphones	koptelefoon	[kop·telefoən]
remote control (TV)	afstandsbeheer	[afstands·beheər]

CD, compact disc	CD	[se·de]
cassette, tape	kasset	[kasset]
vinyl record	plaat	[plāt]

HUMAN ACTIVITIES

Job. Business. Part 1

69. Office. Working in the office

office (company ~)	kantoor	[kantoer]
office (director's ~)	kantoor	[kantoer]
reception desk	ontvangs	[ontfaŋs]
secretary	sekretaris	[sekretaris]
secretary (fem.)	sekretaresse	[sekretarɛssə]
director	direkteur	[direktøər]
manager	bestuurder	[bestɪrdər]
accountant	boekhouer	[bukhæʋər]
employee	werknemer	[verknemər]
furniture	meubels	[møəbɛls]
desk	lessenaar	[lɛssenār]
desk chair	draaistoel	[drāj·stul]
drawer unit	laaikas	[lājkas]
coat stand	kapstok	[kapstok]
computer	rekenaar	[rekənār]
printer	drukker	[drukkər]
fax machine	faksmasjien	[faks·maʃin]
photocopier	fotostaatmasjien	[fotostāt·maʃin]
paper	papier	[papir]
office supplies	kantoorbenodigdhede	[kantoər·benodiχhedə]
mouse mat	muismatjie	[mœis·maki]
sheet of paper	blaai	[blāi]
binder	binder	[bindər]
catalogue	katalogus	[kataloχus]
phone directory	telefoongids	[telefoən·χids]
documentation	dokumentasie	[dokumentasi]
brochure (e.g. 12 pages ~)	brosjure	[broʃurə]
leaflet (promotional ~)	strooibiljet	[stroj·biljet]
sample	monsterkaart	[mɔŋstər·kārt]
training meeting	opleidingsvergadering	[oplæjdiŋs·ferχaderiŋ]
meeting (of managers)	vergadering	[ferχaderiŋ]
lunch time	middagpouse	[middaχ·pæʋsə]
to make multiple copies	aantal kopieë maak	[āntal kopiɛ māk]
to call (by phone)	bel	[bəl]
to answer (vt)	antwoord	[antwoərt]
to put through	deursit	[døərsit]

to arrange, to set up	reël	[reɛl]
to demonstrate (vt)	demonstreer	[demɔŋstreər]
to be absent	afwesig wees	[afwesəχ veəs]
absence	afwesigheid	[afwesiχæjt]

70. Business processes. Part 1

| business | besigheid | [besiχæjt] |
| occupation | beroep | [berup] |

firm	firma	[firma]
company	maatskappy	[mātskappaj]
corporation	korporasie	[korporasi]
enterprise	onderneming	[ondərnemiŋ]
agency	agentskap	[aχentskap]

agreement (contract)	ooreenkoms	[oəreənkoms]
contract	kontrak	[kontrak]
deal	transaksie	[traŋsaksi]
order (to place an ~)	bestelling	[bestɛlliŋ]
terms (of the contract)	voorwaarde	[foərwārdə]

wholesale (adv)	groothandels-	[χroət·handəls-]
wholesale (adj)	groothandels-	[χroət·handəls-]
wholesale (n)	groothandel	[χroət·handəl]
retail (adj)	kleinhandels-	[klæjn·handəls-]
retail (n)	kleinhandel	[klæjn·handəl]

competitor	konkurrent	[konkurrent]
competition	konkurrensie	[konkurreŋsi]
to compete (vi)	kompeteer	[kompeteər]

| partner (associate) | vennoot | [fɛnnoət] |
| partnership | vennootskap | [fɛnnoətskap] |

crisis	krisis	[krisis]
bankruptcy	bankrotskap	[bankrotskap]
to go bankrupt	bankrot speel	[bankrot speəl]
difficulty	moeilikheid	[muilikhæjt]
problem	probleem	[probleəm]
catastrophe	katastrofe	[katastrofə]

economy	ekonomie	[ɛkonomi]
economic (~ growth)	ekonomiese	[ɛkonomisə]
economic recession	ekonomiese agteruitgang	[ɛkonomisə aχtər·œitχaŋ]

| goal (aim) | doel | [dul] |
| task | opdrag | [opdraχ] |

to trade (vi)	handel	[handəl]
network (distribution ~)	netwerk	[netwerk]
inventory (stock)	voorraad	[foərrāt]
range (assortment)	reeks	[reəks]
leader (leading company)	leier	[læjer]

| large (~ company) | groot | [xroət] |
| monopoly | monopolie | [monopoli] |

theory	teorie	[teori]
practice	praktyk	[praktajk]
experience (in my ~)	ervaring	[ɛrfariŋ]
trend (tendency)	tendens	[tendɛŋs]
development	ontwikkeling	[ontwikkeliŋ]

71. Business processes. Part 2

| profit (foregone ~) | wins | [vins] |
| profitable (~ deal) | voordelig | [foərdeləx] |

delegation (group)	delegasie	[deleχasi]
salary	salaris	[salaris]
to correct (an error)	korrigeer	[korriχeər]
business trip	sakereis	[sakeræjs]
commission	kommissie	[kommissi]

to control (vt)	kontroleer	[kontroleər]
conference	konferensie	[konferɛŋsi]
licence	lisensie	[lisɛŋsi]
reliable (~ partner)	betroubaar	[betræʊbār]

initiative (undertaking)	inisiatief	[inisiatif]
norm (standard)	norm	[norm]
circumstance	omstandigheid	[omstandiχæjt]
duty (of an employee)	taak	[tāk]

organization (company)	organisasie	[orχanisasi]
organization (process)	organisasie	[orχanisasi]
organized (adj)	georganiseer	[χeorχaniseər]
cancellation	kansellering	[kaŋsɛlleriŋ]
to cancel (call off)	kanselleer	[kaŋsɛlleər]
report (official ~)	verslag	[ferslaχ]

patent	patent	[patent]
to patent (obtain patent)	patenteer	[patenteər]
to plan (vt)	beplan	[beplan]

bonus (money)	bonus	[bonus]
professional (adj)	professioneel	[profɛssioneəl]
procedure	prosedure	[prosedurə]

to examine (contract, etc.)	ondersoek	[ondərsuk]
calculation	berekening	[berekeniŋ]
reputation	reputasie	[reputasi]
risk	risiko	[risiko]

to manage, to run	beheer	[beheər]
information (report)	informasie	[informasi]
property	eiendom	[æjendom]
union	unie	[uni]

life insurance	lewensversekering	[levɛŋs·fersekeriŋ]
to insure (vt)	verseker	[fersekər]
insurance	versekering	[fersekeriŋ]

auction (~ sale)	veiling	[fæjliŋ]
to notify (inform)	laat weet	[lāt veət]
management (process)	beheer	[beheər]
service (~ industry)	diens	[diŋs]

forum	forum	[forum]
to function (vi)	funksioneer	[funksioneər]
stage (phase)	stadium	[stadium]
legal (~ services)	regs-	[reχs-]
lawyer (legal advisor)	regsgeleerde	[reχs·χeleərdə]

72. Production. Works

plant	fabriek	[fabrik]
factory	fabriek	[fabrik]
workshop	werkplek	[verkplek]
works, production site	bedryf	[bedrajf]

industry (manufacturing)	industrie	[industri]
industrial (adj)	industrieel	[industriəl]
heavy industry	swaar industrie	[swār industri]
light industry	ligte industrie	[liχtə industri]

products	produkte	[produktə]
to produce (vt)	produseer	[produseər]
raw materials	grondstowwe	[χront·stowə]

foreman (construction ~)	voorman	[foərman]
workers team (crew)	werkspan	[verks·pan]
worker	werker	[verkər]

working day	werksdag	[verks·daχ]
pause (rest break)	pouse	[pæusə]
meeting	vergadering	[ferχaderiŋ]
to discuss (vt)	bespreek	[bespreək]

plan	plan	[plan]
to fulfil the plan	die plan uitvoer	[di plan œitfur]
rate of output	produksienorm	[produksi·norm]
quality	kwaliteit	[kwalitæjt]
control (checking)	kontrole	[kontrolə]
quality control	kwaliteitskontrole	[kwalitæjts·kontrolə]

workplace safety	werkplekveiligheid	[verkplek·fæjliχæjt]
discipline	dissipline	[dissiplinə]
violation (of safety rules, etc.)	oortreding	[oərtrediŋ]
to violate (rules)	oortree	[oərtreə]

| strike | staking | [stakiŋ] |
| striker | staker | [stakər] |

| to be on strike | staak | [stāk] |
| trade union | vakbond | [fakbont] |

to invent (machine, etc.)	uitvind	[œitfint]
invention	uitvinding	[œitfindiŋ]
research	navorsing	[naforsiŋ]
to improve (make better)	verbeter	[ferbetər]
technology	tegnologie	[teχnoloχi]
technical drawing	tegniese tekening	[teχnisə tekəniŋ]

load, cargo	vrag	[fraχ]
loader (person)	laaier	[lājer]
to load (vehicle, etc.)	laai	[lāi]
loading (process)	laai	[lāi]
to unload (vi, vt)	uitlaai	[œitlāi]
unloading	uitlaai	[œitlāi]

transport	vervoer	[ferfur]
transport company	vervoermaatskappy	[ferfur·mātskappaj]
to transport (vt)	vervoer	[ferfur]

wagon	trok	[trok]
tank (e.g., oil ~)	tenk	[tɛnk]
lorry	vragmotor	[fraχ·motor]

| machine tool | werktuigmasjien | [verktœiχ·maʃin] |
| mechanism | meganisme | [meχanismə] |

industrial waste	industriële afval	[industriɛlə affal]
packing (process)	verpakking	[ferpakkiŋ]
to pack (vt)	verpak	[ferpak]

73. Contract. Agreement

contract	kontrak	[kontrak]
agreement	ooreenkoms	[oəreənkoms]
addendum	addendum	[addendum]

signature	handtekening	[hand·tekəniŋ]
to sign (vt)	onderteken	[ondərtekən]
seal (stamp)	stempel	[stempəl]

subject of the contract	onderwerp van ooreenkoms	[ondərwerp fan oəreənkoms]
clause	klousule	[klæusulə]
parties (in contract)	partye	[partajə]
legal address	wetlike adres	[vetlikə adres]

to violate the contract	die kontrak verbreek	[di kontrak ferbreək]
commitment (obligation)	verpligting	[ferpliχtiŋ]
responsibility	verantwoordelikheid	[ferant·voərdelikhæjt]
force majeure	oormag	[oərmaχ]
dispute	geskil	[χeskil]
penalties	boete	[butə]

74. Import & Export

import	invoer	[infur]
importer	invoerder	[infurdər]
to import (vt)	invoer	[infur]
import (as adj.)	invoer-	[infur-]
export (exportation)	uitvoer	[œitfur]
exporter	uitvoerder	[œitfurdər]
to export (vt)	uitvoer	[œitfur]
export (as adj.)	uitvoer-	[œitfur-]
goods (merchandise)	goedere	[χudərə]
consignment, lot	besending	[besendiŋ]
weight	gewig	[χevəχ]
volume	volume	[folumə]
cubic metre	kubieke meter	[kubikə metər]
manufacturer	produsent	[produsent]
transport company	vervoermaatskappy	[fərfur·mātskappaj]
container	houer	[hæuər]
border	grens	[χrɛŋs]
customs	doeane	[duanə]
customs duty	doeanereg	[duanə·reχ]
customs officer	doeanebeampte	[duanə·beamptə]
smuggling	smokkel	[smokkəl]
contraband (smuggled goods)	smokkelgoed	[smokkəl·χut]

75. Finances

share, stock	aandeel	[āndeəl]
bond (certificate)	obligasie	[obliχasi]
promissory note	promesse	[promɛssə]
stock exchange	beurs	[bøørs]
stock price	aandeelkoers	[āndeəl·kurs]
to go down (become cheaper)	daal	[dāl]
to go up (become more expensive)	styg	[stajχ]
share	aandeel	[āndeəl]
controlling interest	meerderheidsbelang	[meərderhæjts·belaŋ]
investment	belegging	[beleχχin]
to invest (vt)	belê	[belɛ:]
percent	persent	[persent]
interest (on investment)	rente	[rentə]
profit	wins	[vins]

| profitable (adj) | voordelig | [foərdeləχ] |
| tax | belasting | [belastiŋ] |

currency (foreign ~)	valuta	[faluta]
national (adj)	nasionaal	[naʃionāl]
exchange (currency ~)	wissel	[vissəl]

| accountant | boekhouer | [bukhæuər] |
| accounting | boekhouding | [bukhæudiŋ] |

bankruptcy	bankrotskap	[bankrotskap]
collapse, ruin	ineenstorting	[ineɛŋstortiŋ]
ruin	bankrotskap	[bankrotskap]
to be ruined (financially)	geruïneer wees	[χeruïneər veəs]
inflation	inflasie	[inflasi]
devaluation	devaluasie	[defaluasi]

capital	kapitaal	[kapitāl]
income	inkomste	[inkomstə]
turnover	omset	[omset]
resources	hulpbronne	[hulpbronnə]
monetary resources	monetêre hulpbronne	[monetærə hulpbronnə]

| overheads | oorhoofse koste | [oərhoəfsə kostə] |
| to reduce (expenses) | verminder | [ferminder] |

76. Marketing

marketing	bemarking	[bemarkiŋ]
market	mark	[mark]
market segment	marksegment	[mark·seχment]
product	produk	[produk]
goods (merchandise)	goedere	[χuderə]

brand	merk	[merk]
trademark	handelsmerk	[handəls·merk]
logotype	logo	[loχo]
logo	logo	[loχo]

| demand | vraag | [frāχ] |
| supply | aanbod | [ānbot] |

| need | behoefte | [behuftə] |
| consumer | verbruiker | [ferbrœikər] |

| analysis | analise | [analisə] |
| to analyse (vt) | analiseer | [analiseər] |

| positioning | plasing | [plasiŋ] |
| to position (vt) | plaas | [plās] |

price	prys	[prajs]
pricing policy	prysbeleid	[prajs·belæjt]
price formation	prysvorming	[prajs·formiŋ]

77. Advertising

advertising	reklame	[reklamə]
to advertise (vt)	adverteer	[adfertеər]
budget	begroting	[bеχrotiŋ]
ad, advertisement	advertensie	[adfertɛŋsi]
TV advertising	TV-advertensie	[te·fe-adfertɛŋsi]
radio advertising	radioreklame	[radio·reklamə]
outdoor advertising	buitereklame	[bœitə·reklamə]
mass medias	massamedia	[massa·media]
periodical (n)	tydskrif	[tajdskrif]
image (public appearance)	imago	[imaχo]
slogan	slagspreuk	[slaχ·sprøək]
motto (maxim)	motto	[motto]
campaign	veldtog	[fɛldtoχ]
advertising campaign	reklameveldtog	[reklamə·fɛldtoχ]
target group	doelgroep	[dul·χrup]
business card	besigheidskaartjie	[besiχæjts·kārki]
leaflet (promotional ~)	strooibiljet	[stroj·biljet]
brochure (e.g. 12 pages ~)	brosjure	[broʃurə]
pamphlet	pamflet	[pamflet]
newsletter	nuusbrief	[nɪsbrif]
signboard (store sign, etc.)	reklamebord	[reklamə·bort]
poster	plakkaat	[plakkāt]
hoarding	aanplakbord	[ānplakbort]

78. Banking

bank	bank	[bank]
branch (of a bank)	tak	[tak]
consultant	bankklerk	[bank·klerk]
manager (director)	bestuurder	[bestɪrdər]
bank account	bankrekening	[bank·rekəniŋ]
account number	rekeningnommer	[rekəniŋ·nommər]
current account	tjekrekening	[tʃek·rekəniŋ]
deposit account	spaarrekening	[spār·rekəniŋ]
to close the account	die rekening sluit	[di rekəniŋ slœit]
to withdraw (vt)	trek	[trek]
deposit	deposito	[deposito]
wire transfer	telegrafiese oorplasing	[teleχrafisə oərplasiŋ]
to wire, to transfer	oorplaas	[oərplās]
sum	som	[som]
How much?	Hoeveel?	[hufeəl?]

71

| signature | handtekening | [hand·tekənɪŋ] |
| to sign (vt) | onderteken | [ondərtekən] |

credit card	kredietkaart	[kredit·kārt]
code (PIN code)	kode	[kodə]
credit card number	kredietkaartnommer	[kredit·kārt·nommər]
cashpoint	OTM	[o·te·em]

| cheque | tjek | [tʃek] |
| chequebook | tjekboek | [tʃek·buk] |

| loan (bank ~) | lening | [lenɪŋ] |
| guarantee | waarborg | [vārborχ] |

79. Telephone. Phone conversation

telephone	telefoon	[telefoən]
mobile phone	selfoon	[sɛlfoən]
answerphone	antwoordmasjien	[antwoərt·maʃin]

| to call (by phone) | bel | [bəl] |
| call, ring | oproep | [oprup] |

Hello!	Hallo!	[hallo!]
to ask (vt)	vra	[fra]
to answer (vi, vt)	antwoord	[antwoərt]

to hear (vt)	hoor	[hoər]
well (adv)	goed	[χut]
not well (adv)	nie goed nie	[ni χut ni]
noises (interference)	steurings	[støərɪŋs]

receiver	gehoorstuk	[χehoərstuk]
to pick up (~ the phone)	optel	[optəl]
to hang up (~ the phone)	afskakel	[afskakəl]

busy (engaged)	besig	[besəχ]
to ring (ab. phone)	lui	[lœi]
telephone book	telefoongids	[telefoən·χids]

local (adj)	lokale	[lokalə]
local call	lokale oproep	[lokalə oprup]
trunk (e.g. ~ call)	langafstand	[lanχ·afstant]
trunk call	langafstand oproep	[lanχ·afstant oprup]
international (adj)	internasionale	[internaʃionalə]
international call	internasionale oproep	[internaʃionalə oprup]

80. Mobile telephone

mobile phone	selfoon	[sɛlfoən]
display	skerm	[skerm]
button	knoppie	[knoppi]

SIM card	SIMkaart	[sim·kārt]
battery	battery	[battəraj]
to be flat (battery)	pap wees	[pap veəs]
charger	batterylaaier	[battəraj·lajer]
menu	spyskaart	[spajs·kārt]
settings	instellings	[instɛlliŋs]
tune (melody)	wysie	[vajsi]
to select (vt)	kies	[kis]
calculator	sakrekenaar	[sakrekənār]
voice mail	stempos	[stem·pos]
alarm clock	wekker	[vɛkkər]
contacts	kontakte	[kontaktə]
SMS (text message)	SMS	[es·em·es]
subscriber	intekenaar	[intekənār]

81. Stationery

ballpoint pen	bolpen	[bol·pen]
fountain pen	vulpen	[ful·pen]
pencil	potlood	[potloet]
highlighter	merkpen	[merk·pen]
felt-tip pen	viltpen	[filt·pen]
notepad	notaboekie	[nota·buki]
diary	dagboek	[daχ·buk]
ruler	liniaal	[liniāl]
calculator	sakrekenaar	[sakrekənār]
rubber	uitveër	[œitfeɛr]
drawing pin	duimspyker	[dœim·spajkər]
paper clip	skuifspeld	[skœif·spɛlt]
glue	gom	[χom]
stapler	krammasjien	[kram·maʃin]
hole punch	ponsmasjien	[pɔŋs·maʃin]
pencil sharpener	skerpmaker	[skerp·makər]

82. Kinds of business

accounting services	boekhoudienste	[bukhæu·diŋstə]
advertising	reklame	[reklamə]
advertising agency	reklameburo	[reklamə·buro]
air-conditioners	lugversorger	[luχfersorχər]
airline	lugredery	[luχrederaj]
alcoholic beverages	alkoholiese dranke	[alkoholisə drankə]
antiques (antique dealers)	antiek	[antik]
art gallery (contemporary ~)	kunsgalery	[kuns·χaleraj]

audit services	ouditeursdienste	[æuditøərs·diŋstə]
banking industry	bankwese	[bankwesə]
beauty salon	skoonheidssalon	[skoənhæjts·salon]
bookshop	boekhandel	[buk·handəl]
brewery	brouery	[bræuəraj]
business centre	sakesentrum	[sakə·sentrum]
business school	besigheidsskool	[besiχæjts·skoəl]
casino	kasino	[kasino]
chemist, pharmacy	apteek	[apteək]
cinema	bioskoop	[bioskoəp]
construction	boubedryf	[bæubedrajf]
consulting	advieskantoor	[adfis·kantoər]
dental clinic	tandekliniek	[tandə·klinik]
design	ontwerp	[ontwerp]
dry cleaners	droogskoonmakers	[droəχ·skoən·makers]
employment agency	arbeidsburo	[arbæjds·buro]
financial services	finansiële dienste	[finaŋsiɛlə diŋstə]
food products	voedingsware	[fudiŋs·warə]
furniture (e.g. house ~)	meubels	[møəbɛls]
clothing, garment	klerasie	[klerasi]
hotel	hotel	[hotəl]
ice-cream	roomys	[roəm·ajs]
industry (manufacturing)	industrie	[industri]
insurance	versekering	[fersekeriŋ]
Internet	internet	[internet]
investments (finance)	investerings	[infesteriŋs]
jeweller	juwelier	[juvelir]
jewellery	juweliersware	[juvelirs·warə]
laundry (shop)	wassery	[vasseraj]
legal adviser	regsadviseur	[reχs·adfisøər]
light industry	ligte industrie	[liχtə industri]
magazine	tydskrif	[tajdskrif]
mail order selling	posorderbedryf	[pos·ordər·bedrajf]
medicine	geneesmiddels	[χenees·middəls]
museum	museum	[musøəm]
news agency	nuusagentskap	[nɪs·aχentskap]
newspaper	koerant	[kurant]
nightclub	nagklub	[naχ·klup]
oil (petroleum)	olie	[oli]
courier services	koerierdienste	[kurir·diŋstə]
pharmaceutics	farmasie	[farmasi]
printing (industry)	drukkery	[drukkəraj]
pub	kroeg	[kruχ]
publishing house	uitgewery	[œitχevəraj]
radio (~ station)	radio	[radio]
real estate	eiendom	[æjendom]
restaurant	restaurant	[restɔurant]

security company	sekuriteitsfirma	[sekuritæjts·firma]
shop	winkel	[vinkəl]
sport	sport	[sport]
stock exchange	beurs	[bøərs]
supermarket	supermark	[supermark]
swimming pool (public ~)	swembad	[swem·bat]
tailor shop	kleremaker	[klerə·makər]
television	televisie	[telefisi]
theatre	teater	[teatər]
trade (commerce)	handel	[handəl]
transport companies	vervoer	[ferfur]
travel	reisbedryf	[ræjs·bedrajf]
undertakers	begrafnisonderneming	[beχrafnis·ondərnemiŋ]
veterinary surgeon	veearts	[feə·arts]
warehouse	pakhuis	[pak·hœis]
waste collection	afvalinsameling	[affal·insameliŋ]

Job. Business. Part 2

83. Show. Exhibition

exhibition, show	skou	[skæʊ]
trade show	handelsskou	[handəls·skæʊ]
participation	deelneming	[deəlnemiŋ]
to participate (vi)	deelneem	[deəlneəm]
participant (exhibitor)	deelnemer	[deəlnemər]
director	bestuurder	[bestɪrdər]
organizers' office	organisasiekantoor	[orχanisasi·kantoər]
organizer	organiseerder	[orχaniseərdər]
to organize (vt)	organiseer	[orχaniseər]
participation form	deelnemingsvorm	[deəlnemiŋs·form]
to fill in (vt)	invul	[inful]
details	besonderhede	[besondərhedə]
information	informasie	[informasi]
price (cost, rate)	prys	[prajs]
including	insluitend	[inslœitent]
to include (vt)	insluit	[inslœit]
to pay (vi, vt)	betaal	[betāl]
registration fee	registrasiefooi	[reχistrasi·foj]
entrance	ingang	[inχaŋ]
pavilion, hall	paviljoen	[pafiljun]
to register (vt)	registreer	[reχistreər]
badge (identity tag)	lapelkaart	[lapəl·kārt]
stand	stalletjie	[stalləki]
to reserve, to book	bespreek	[bespreək]
display case	uistalkas	[œistalkas]
spotlight	kollig	[kolləχ]
design	ontwerp	[ontwerp]
to place (put, set)	sit	[sit]
to be placed	geplaas wees	[χeplās veəs]
distributor	verdeler	[ferdelər]
supplier	verskaffer	[ferskaffər]
to supply (vt)	verskaf	[ferskaf]
country	land	[lant]
foreign (adj)	buitelands	[bœitəlands]
product	produk	[produk]
association	vereniging	[ferenəχiŋ]
conference hall	konferensiesaal	[konferɛŋsi·sāl]

| congress | kongres | [konχres] |
| contest (competition) | wedstryd | [vedstrajt] |

visitor (attendee)	besoeker	[besukər]
to visit (attend)	besoek	[besuk]
customer	kliënt	[kliɛnt]

84. Science. Research. Scientists

science	wetenskap	[vetɛŋskap]
scientific (adj)	wetenskaplik	[vetɛŋskaplik]
scientist	wetenskaplike	[vetɛŋskaplikə]
theory	teorie	[teori]

axiom	aksioma	[aksioma]
analysis	analise	[analisə]
to analyse (vt)	analiseer	[analiseər]
argument (strong ~)	argument	[arχument]
substance (matter)	substansie	[substaŋsi]

hypothesis	hipotese	[hipotesə]
dilemma	dilemma	[dilɛmma]
dissertation	proefskrif	[prufskrif]
dogma	dogma	[doχma]

doctrine	doktrine	[doktrinə]
research	navorsing	[naforsiŋ]
to research (vt)	navors	[nafors]
tests (laboratory ~)	toetse	[tutsə]
laboratory	laboratorium	[laboratorium]

method	metode	[metodə]
molecule	molekule	[molekulə]
monitoring	monitering	[moniteriŋ]
discovery (act, event)	ontdekking	[ontdɛkkiŋ]

postulate	postulaat	[postulāt]
principle	beginsel	[beχinsəl]
forecast	voorspelling	[foərspɛlliŋ]
to forecast (vt)	voorspel	[foərspəl]

synthesis	sintese	[sintesə]
trend (tendency)	tendens	[tendɛŋs]
theorem	stelling	[stɛlliŋ]

teachings	leer	[leər]
fact	feit	[fæjt]
expedition	ekspedisie	[ɛkspedisi]
experiment	eksperiment	[ɛksperiment]

academician	akademikus	[akademikus]
bachelor (e.g. ~ of Arts)	baccalaureus	[bakalɔurøəs]
doctor (PhD)	doktor	[doktor]
Associate Professor	medeprofessor	[medə·profɛssor]

77

Master (e.g. ~ of Arts)	**Magister**	[maχistər]
professor	**professor**	[profɛssor]

Professions and occupations

85. Job search. Dismissal

job	baantjie	[bānki]
staff (work force)	personeel	[personeel]
personnel	personeel	[personeel]
career	loopbaan	[loəpbān]
prospects (chances)	vooruitsigte	[foərœit·siχtə]
skills (mastery)	meesterskap	[meəsterskap]
selection (screening)	seleksie	[seleksi]
employment agency	arbeidsburo	[arbæjds·buro]
curriculum vitae, CV	curriculum vitae	[kurrikulum fitaə]
job interview	werksonderhoud	[werk·ondərhæʊt]
vacancy	vakature	[fakaturə]
salary, pay	salaris	[salaris]
fixed salary	vaste salaris	[fastə salaris]
pay, compensation	loon	[loən]
position (job)	posisie	[posisi]
duty (of an employee)	taak	[tāk]
range of duties	reeks opdragte	[reeks opdraχtə]
busy (I'm ~)	besig	[besəχ]
to fire (dismiss)	afdank	[afdank]
dismissal	afdanking	[afdankiŋ]
unemployment	werkloosheid	[verkloəshæjt]
unemployed (n)	werkloos	[verkloəs]
retirement	pensioen	[pɛnsiun]
to retire (from job)	met pensioen gaan	[met pɛnsiun χān]

86. Business people

director	direkteur	[direktøər]
manager (director)	bestuurder	[bestɪrdər]
boss	baas	[bās]
superior	hoof	[hoəf]
superiors	hoofde	[hoəfdə]
president	direkteur	[direktøər]
chairman	voorsitter	[foərsittər]
deputy (substitute)	adjunk	[adjunk]
assistant	assistent	[assistent]

English	Afrikaans	Pronunciation
secretary	sekretaris	[sekretaris]
personal assistant	persoonlike assistent	[persoənlikə assistent]
businessman	sakeman	[sakəman]
entrepreneur	entrepreneur	[ɛntrəprenøər]
founder	stigter	[stiχtər]
to found (vt)	stig	[stiχ]
founding member	stigter	[stiχtər]
partner	vennoot	[fɛnnoət]
shareholder	aandeelhouer	[āndeəl·hæʋər]
millionaire	miljoenêr	[miljunær]
billionaire	miljardêr	[miljardær]
owner, proprietor	eienaar	[æjenār]
landowner	grondeienaar	[χront·æjenār]
client	kliënt	[kliɛnt]
regular client	vaste kliënt	[fastə kliɛnt]
buyer (customer)	koper	[kopər]
visitor	besoeker	[besukər]
professional (n)	professioneel	[profɛssioneəl]
expert	kenner	[kɛnnər]
specialist	spesialis	[spesialis]
banker	bankier	[bankir]
broker	makelaar	[makəlār]
cashier	kassier	[kassir]
accountant	boekhouer	[bukhæʋər]
security guard	veiligheidswag	[fæjliχæjts·waχ]
investor	belegger	[beleχər]
debtor	skuldenaar	[skuldenār]
creditor	krediteur	[kreditøər]
borrower	lener	[lenər]
importer	invoerder	[infurdər]
exporter	uitvoerder	[œitfurdər]
manufacturer	produsent	[produsent]
distributor	verdeler	[ferdelər]
middleman	tussenpersoon	[tussən·persoən]
consultant	raadgewer	[rāt·χevər]
sales representative	verkoopsagent	[ferkoəps·aχent]
agent	agent	[aχent]
insurance agent	versekeringsagent	[fersəkeriŋs·aχent]

87. Service professions

English	Afrikaans	Pronunciation
cook	kok	[kok]
chef (kitchen chef)	sjef	[ʃef]

T&P Books. Theme-based dictionary British English-Afrikaans - 5000 words

baker	bakker	[bakkər]
barman	kroegman	[kruχman]
waiter	kelner	[kɛlnər]
waitress	kelnerin	[kɛlnərin]

lawyer, barrister	advokaat	[adfokāt]
lawyer (legal expert)	prokureur	[prokurøər]
notary public	notaris	[notaris]

electrician	elektrisiën	[ɛlektrisiɛn]
plumber	loodgieter	[loədχitər]
carpenter	timmerman	[timmerman]

masseur	masseerder	[masseerdər]
masseuse	masseerster	[masseerstər]
doctor	dokter	[doktər]

taxi driver	taxibestuurder	[taksi·bestɪrdər]
driver	bestuurder	[bestɪrdər]
delivery man	koerier	[kurir]

chambermaid	kamermeisie	[kamər·mæjsi]
security guard	veiligheidswag	[fæjliχæjts·waχ]
flight attendant (fem.)	lugwaardin	[luχ·wārdin]

schoolteacher	onderwyser	[ondərwajsər]
librarian	bibliotekaris	[bibliotekaris]
translator	vertaler	[fertalər]
interpreter	tolk	[tolk]
guide	gids	[χids]

hairdresser	haarkapper	[hār·kappər]
postman	posbode	[pos·bodə]
salesman (store staff)	verkoper	[ferkɔpər]

gardener	tuinman	[tœin·man]
domestic servant	bediende	[bedində]
maid (female servant)	bediende	[bedində]
cleaner (cleaning lady)	skoonmaakster	[skoən·mākstər]

88. Military professions and ranks

private	soldaat	[soldāt]
sergeant	sersant	[sersant]
lieutenant	luitenant	[lœitənant]
captain	kaptein	[kaptæjn]

major	majoor	[majoər]
colonel	kolonel	[kolonəl]
general	generaal	[χenerāl]
marshal	maarskalk	[mārskalk]
admiral	admiraal	[admirāl]
military (n)	leër	[leɛr]
soldier	soldaat	[soldāt]

| officer | offisier | [offisir] |
| commander | kommandant | [kommandant] |

border guard	grenswag	[xrɛŋs·wax]
radio operator	radio-operateur	[radio-operatøər]
scout (searcher)	verkenner	[ferkɛnnər]
pioneer (sapper)	sappeur	[sappøər]
marksman	skutter	[skuttər]
navigator	navigator	[nafixator]

89. Officials. Priests

| king | koning | [koniŋ] |
| queen | koningin | [koniŋin] |

| prince | prins | [prins] |
| princess | prinses | [prinsəs] |

| czar | tsaar | [tsãr] |
| czarina | tsarina | [tsarina] |

president	president	[president]
Secretary (minister)	minister	[ministər]
prime minister	eerste minister	[eərstə ministər]
senator	senator	[senator]

diplomat	diplomaat	[diplomãt]
consul	konsul	[kɔŋsul]
ambassador	ambassadeur	[ambassadøər]
counselor (diplomatic officer)	adviseur	[adfisøər]

official, functionary (civil servant)	amptenaar	[amptənar]
prefect	prefek	[prefek]
mayor	burgermeester	[burgər·meəstər]

| judge | regter | [rextər] |
| prosecutor | aanklaer | [ãnklaər] |

missionary	sendeling	[sendəliŋ]
monk	monnik	[monnik]
abbot	ab	[ap]
rabbi	rabbi	[rabbi]

vizier	visier	[fisir]
shah	sjah	[ʃah]
sheikh	sjeik	[ʃæjk]

90. Agricultural professions

| beekeeper | byeboer | [bajebur] |
| shepherd | herder | [herdər] |

agronomist	landboukundige	[landbæʊ·kundiχə]
cattle breeder	veeteler	[feə·telər]
veterinary surgeon	veearts	[feə·arts]
farmer	boer	[bur]
winemaker	wynmaker	[vajn·makər]
zoologist	dierkundige	[dir·kundiχə]
cowboy	cowboy	[kovboj]

91. Art professions

actor	akteur	[aktøər]
actress	aktrise	[aktrisə]
singer (masc.)	sanger	[saŋər]
singer (fem.)	sangeres	[saŋəres]
dancer (masc.)	danser	[daŋsər]
dancer (fem.)	danseres	[daŋsəres]
performer (masc.)	verhoogkunstenaar	[ferhoəχ·kunstənãr]
performer (fem.)	verhoogkunstenares	[ferhoəχ·kunstənares]
musician	musikant	[musikant]
pianist	pianis	[pianis]
guitar player	kitaarspeler	[kitãr·spelər]
conductor (orchestra ~)	dirigent	[diriχent]
composer	komponis	[komponis]
impresario	impresario	[impresario]
film director	filmregisseur	[film·rëχĺssʊʉɪ]
producer	produsent	[produsent]
scriptwriter	draaiboekskrywer	[drãjbuk·skrajvər]
critic	kritikus	[kritikus]
writer	skrywer	[skrajvər]
poet	digter	[diχtər]
sculptor	beeldhouer	[beəldhæʊər]
artist (painter)	kunstenaar	[kunstenãr]
juggler	jongleur	[jonχløər]
clown	hanswors	[haŋswors]
acrobat	akrobaat	[akrobãt]
magician	goëlaar	[χoɛlãr]

92. Various professions

doctor	dokter	[doktər]
nurse	verpleegster	[ferpleəχ·stər]
psychiatrist	psigiater	[psiχiatər]
dentist	tandarts	[tand·arts]

surgeon	chirurg	[ʃirurχ]
astronaut	astronout	[astronæʊt]
astronomer	astronoom	[astronoəm]
pilot	piloot	[piloət]
driver (of a taxi, etc.)	bestuurder	[bestɪrdər]
train driver	treindrywer	[træjn·drajvər]
mechanic	werktuigkundige	[verktœiχ·kundiχə]
miner	mynwerker	[majn·werkər]
worker	werker	[verkər]
locksmith	slotmaker	[slot·makər]
joiner (carpenter)	skrynwerker	[skrajn·werkər]
turner (lathe operator)	draaibankwerker	[drājbank·werkər]
building worker	bouwerker	[bæʊ·verkər]
welder	sweiser	[swæjsər]
professor (title)	professor	[profɛssor]
architect	argitek	[arχitek]
historian	historikus	[historikus]
scientist	wetenskaplike	[vetɛŋskaplikə]
physicist	fisikus	[fisikus]
chemist (scientist)	skeikundige	[skæjkundiχə]
archaeologist	argeoloog	[arχeoloəχ]
geologist	geoloog	[χeoloəχ]
researcher (scientist)	navorser	[naforsər]
babysitter	babasitter	[babasittər]
teacher, educator	onderwyser	[ondərwajsər]
editor	redakteur	[redaktøər]
editor-in-chief	hoofredakteur	[hoəf·redaktøər]
correspondent	korrespondent	[korrespondɛnt]
typist (fem.)	tikster	[tikstər]
designer	ontwerper	[ontwerpər]
computer expert	rekenaarkenner	[rekənār·kɛnnər]
programmer	programmeur	[proχrammøər]
engineer (designer)	ingenieur	[inχeniøər]
sailor	matroos	[matroəs]
seaman	seeman	[seəman]
rescuer	redder	[rɛddər]
firefighter	brandweerman	[brantveər·man]
police officer	polisieman	[polisi·man]
watchman	bewaker	[bevakər]
detective	speurder	[spøərdər]
customs officer	doeanebeampte	[duanə·beamptə]
bodyguard	lyfwag	[lajf·waχ]
prison officer	tronkbewaarder	[tronk·bevārdər]
inspector	inspekteur	[inspektøər]
sportsman	sportman	[sportman]
trainer, coach	breier	[bræjer]

butcher	slagter	[slaχtər]
cobbler (shoe repairer)	skoenmaker	[skun·makər]
merchant	handelaar	[handəlār]
loader (person)	laaier	[lājer]
fashion designer	modeontwerper	[modə·ontwerpər]
model (fem.)	model	[modəl]

93. Occupations. Social status

| schoolboy | skoolseun | [skoəl·søən] |
| student (college ~) | student | [student] |

philosopher	filosoof	[filosoef]
economist	ekonoom	[ɛkonoəm]
inventor	uitvinder	[œitfindər]

unemployed (n)	werkloos	[verkloəs]
retiree, pensioner	pensioentrekker	[pɛnsiun·trɛkkər]
spy, secret agent	spioen	[spiun]

prisoner	gevangene	[χefaŋənə]
striker	staker	[stakər]
bureaucrat	burokraat	[burokrāt]
traveller (globetrotter)	reisiger	[ræjsiχər]

gay, homosexual (n)	gay	[χaaj]
hacker	kuberkraker	[kubər·krakər]
hippie	hippie	[hippi]

bandit	bandiet	[bandit]
hit man, killer	huurmoordenaar	[hır moordənār]
drug addict	dwelmslaaf	[dwɛlm·slāf]
drug dealer	dwelmhandelaar	[dwɛlm·handəlār]
prostitute (fem.)	prostituut	[prostitɪt]
pimp	pooier	[pojer]

sorcerer	towenaar	[tovenār]
sorceress (evil ~)	heks	[heks]
pirate	piraat, seerower	[pirāt], [seə·rovər]
slave	slaaf	[slāf]
samurai	samoerai	[samuraj]
savage (primitive)	wilde	[vildə]

Education

94. School

school	**skool**	[skoəl]
headmaster	**prinsipaal**	[prinsipāl]
student (m)	**leerder**	[leərdər]
student (f)	**leerder**	[leərdər]
schoolboy	**skoolseun**	[skoəl·søən]
schoolgirl	**skooldogter**	[skoəl·doχtər]
to teach (sb)	**leer**	[leər]
to learn (language, etc.)	**leer**	[leər]
to learn by heart	**van buite leer**	[fan bœitə leər]
to learn (~ to count, etc.)	**leer**	[leər]
to be at school	**op skool wees**	[op skoəl veəs]
to go to school	**skooltoe gaan**	[skoəltu χān]
alphabet	**alfabet**	[alfabet]
subject (at school)	**vak**	[fak]
classroom	**klaskamer**	[klas·kamər]
lesson	**les**	[les]
playtime, break	**pouse**	[pæʊsə]
school bell	**skoolbel**	[skoəl·bəl]
school desk	**skoolbank**	[skoəl·bank]
blackboard	**bord**	[bort]
mark	**simbool**	[simboəl]
good mark	**goeie punt**	[χuje punt]
bad mark	**slegte punt**	[sleχtə punt]
mistake, error	**fout**	[fæʊt]
to make mistakes	**foute maak**	[fæʊtə māk]
to correct (an error)	**korrigeer**	[korriχeər]
crib	**afskryfbriefie**	[afskrajf·brifi]
homework	**huiswerk**	[hœis·werk]
exercise (in education)	**oefening**	[ufeniŋ]
to be present	**aanwesig wees**	[ānwesəχ veəs]
to be absent	**afwesig wees**	[afwesəχ veəs]
to miss school	**stokkies draai**	[stokkis drāj]
to punish (vt)	**straf**	[straf]
punishment	**straf**	[straf]
conduct (behaviour)	**gedrag**	[χedraχ]
school report	**rapport**	[rapport]

T&P Books. Theme-based dictionary British English-Afrikaans - 5000 words

pencil	potlood	[potloət]
rubber	uitveër	[œitfeɛr]
chalk	kryt	[krajt]
pencil case	potloodsakkie	[potloət·sakki]

schoolbag	boekesak	[bukə·sak]
pen	pen	[pen]
exercise book	skryfboek	[skrajf·buk]
textbook	handboek	[hand·buk]
compasses	passer	[passər]

| to make technical drawings | tegniese tekeninge maak | [teχnisə tekənikə māk] |
| technical drawing | tegniese tekening | [teχnisə tekəniŋ] |

poem	gedig	[χedəχ]
by heart (adv)	van buite	[fan bœitə]
to learn by heart	van buite leer	[fan bœitə leər]

school holidays	skoolvakansie	[skoəl·fakaŋsi]
to be on holiday	met vakansie wees	[met fakaŋsi veəs]
to spend holidays	jou vakansie deurbring	[jæʊ fakaŋsi døərbriŋ]

test (at school)	toets	[tuts]
essay (composition)	opstel	[opstəl]
dictation	diktee	[diktee]

exam (examination)	eksamen	[ɛksamen]
experiment	eksperiment	[ɛksperiment]
(e.g., chemistry ~)		

95. College. University

academy	akademie	[akademi]
university	universiteit	[unifersitæjt]
faculty (e.g., ~ of Medicine)	fakulteit	[fakultæjt]

student (masc.)	student	[student]
student (fem.)	student	[student]
lecturer (teacher)	lektor	[lektor]

| lecture hall, room | lesingsaal | [lesiŋ·sāl] |
| graduate | gegradueerde | [χeχradueərdə] |

| diploma | sertifikaat | [sertifikāt] |
| dissertation | proefskrif | [prufskrif] |

| study (report) | navorsing | [naforsiŋ] |
| laboratory | laboratorium | [laboratorium] |

| lecture | lesing | [lesiŋ] |
| coursemate | medestudent | [medə·student] |

| scholarship, bursary | beurs | [bøərs] |
| academic degree | akademiese graad | [akademisə χrāt] |

96. Sciences. Disciplines

mathematics	wiskunde	[viskundə]
algebra	algebra	[alχebra]
geometry	meetkunde	[meətkundə]
astronomy	astronomie	[astronomi]
biology	biologie	[bioloχi]
geography	geografie	[χeoχrafi]
geology	geologie	[χeoloχi]
history	geskiedenis	[χeskidenis]
medicine	geneeskunde	[χeneəs·kundə]
pedagogy	pedagogie	[pedaχoχi]
law	regte	[reχtə]
physics	fisika	[fisika]
chemistry	chemie	[χemi]
philosophy	filosofie	[filosofi]
psychology	sielkunde	[silkundə]

97. Writing system. Orthography

grammar	grammatika	[χrammatika]
vocabulary	woordeskat	[voərdeskat]
phonetics	fonetika	[fonetika]
noun	selfstandige naamwoord	[sɛlfstandiχə nãmwoərt]
adjective	byvoeglike naamwoord	[bajfuχlikə nãmvoərt]
verb	werkwoord	[verk·woərt]
adverb	bijwoord	[bij·woərt]
pronoun	voornaamwoord	[foərnãm·voərt]
interjection	tussenwerpsel	[tussən·werpsəl]
preposition	voorsetsel	[foərsetsəl]
root	stam	[stam]
ending	agtervoegsel	[aχtər·fuχsəl]
prefix	voorvoegsel	[foər·fuχsəl]
syllable	lettergreep	[lɛttər·χreəp]
suffix	agtervoegsel, suffiks	[aχtər·fuχsəl], [suffiks]
stress mark	klemteken	[klem·tekən]
apostrophe	afkappingsteken	[afkappiŋs·tekən]
full stop	punt	[punt]
comma	komma	[komma]
semicolon	kommapunt	[komma·punt]
colon	dubbelpunt	[dubbəl·punt]
ellipsis	beletselteken	[beletsəl·tekən]
question mark	vraagteken	[frãχ·tekən]
exclamation mark	uitroepteken	[œitrup·tekən]

T&P Books. Theme-based dictionary British English-Afrikaans - 5000 words

inverted commas	aanhalingstekens	[ānhaliŋs·tekəŋs]
in inverted commas	tussen aanhalingstekens	[tussən ānhaliŋs·tekəŋs]
parenthesis	hakies	[hakis]
in parenthesis	tussen hakies	[tussən hakis]

hyphen	koppelteken	[koppəl·tekən]
dash	strepie	[strepi]
space (between words)	spasie	[spasi]

| letter | letter | [lɛttər] |
| capital letter | hoofletter | [hoəf·lɛttər] |

| vowel (n) | klinker | [klinkər] |
| consonant (n) | konsonant | [kɔŋsonant] |

sentence	sin	[sin]
subject	onderwerp	[ondərwerp]
predicate	predikaat	[predikāt]

| line | reël | [reɛl] |
| paragraph | paragraaf | [paraχrāf] |

word	woord	[voərt]
group of words	woordgroep	[voərt·χrup]
expression	uitdrukking	[œitdrukkiŋ]
synonym	sinoniem	[sinonim]
antonym	antoniem	[antonim]

rule	reël	[reɛl]
exception	uitsondering	[œitsondəriŋ]
correct (adj)	korrek	[korrek]

conjugation	vervoeging	[ferfuχiŋ]
declension	verbuiging	[ferbœəχiŋ]
nominal case	naamval	[nāmfal]
question	vraag	[frāχ]
to underline (vt)	onderstreep	[ondərstreəp]
dotted line	stippellyn	[stippəl·lajn]

98. Foreign languages

language	taal	[tāl]
foreign (adj)	vreemd	[freəmt]
foreign language	vreemde taal	[freəmdə tāl]
to study (vt)	studeer	[studeər]
to learn (language, etc.)	leer	[leər]

to read (vi, vt)	lees	[leəs]
to speak (vi, vt)	praat	[prāt]
to understand (vt)	verstaan	[ferstān]
to write (vt)	skryf	[skrajf]

| fast (adv) | vinnig | [finnəχ] |
| slowly (adv) | stadig | [stadəχ] |

fluently (adv)	vlot	[flot]
rules	reëls	[reɛls]
grammar	grammatika	[χrammatika]
vocabulary	woordeskat	[voərdeskat]
phonetics	fonetika	[fonetika]
textbook	handboek	[hand·buk]
dictionary	woordeboek	[voərdə·buk]
teach-yourself book	selfstudie boek	[sɛlfstudi buk]
phrasebook	taalgids	[tāl·χids]
cassette, tape	kasset	[kasset]
videotape	videoband	[video·bant]
CD, compact disc	CD	[se·de]
DVD	DVD	[de·fe·de]
alphabet	alfabet	[alfabet]
to spell (vt)	spel	[spel]
pronunciation	uitspraak	[œitsprāk]
accent	aksent	[aksent]
word	woord	[voərt]
meaning	betekenis	[betekənis]
course (e.g. a French ~)	kursus	[kursus]
to sign up	inskryf	[inskrajf]
teacher	onderwyser	[ondərwajsər]
translation (process)	vertaling	[fertaliŋ]
translation (text, etc.)	vertaling	[fertaliŋ]
translator	vertaler	[fertalər]
interpreter	tolk	[tolk]
polyglot	poliglot	[poliχlot]
memory	geheue	[χəhøə]

Rest. Entertainment. Travel

99. Trip. Travel

tourism, travel	toerisme	[turismə]
tourist	toeris	[turis]
trip, voyage	reis	[ræjs]
adventure	avontuur	[afontːr]
trip, journey	reis	[ræjs]
holiday	vakansie	[fakaŋsi]
to be on holiday	met vakansie wees	[met fakaŋsi veəs]
rest	rus	[rus]
train	trein	[træjn]
by train	per trein	[pər træjn]
aeroplane	vliegtuig	[flixtœix]
by aeroplane	per vliegtuig	[pər flixtœix]
by car	per motor	[pər motor]
by ship	per skip	[pər skip]
luggage	bagasie	[baχasi]
suitcase	tas	[tas]
luggage trolley	bagasiekarretjie	[baχasi·karrəki]
passport	paspoort	[paspoərt]
visa	visum	[fisum]
ticket	kaartjie	[kārki]
air ticket	lugkaartjie	[luχ·kārki]
guidebook	reisgids	[ræjsχids]
map (tourist ~)	kaart	[kārt]
area (rural ~)	gebied	[χebit]
place, site	plek	[plek]
exotica (n)	eksotiese dinge	[ɛksotisə diŋə]
exotic (adj)	eksoties	[ɛksotis]
amazing (adj)	verbasend	[ferbasent]
group	groep	[χrup]
excursion, sightseeing tour	uitstappie	[œitstappi]
guide (person)	gids	[χids]

100. Hotel

hotel	hotel	[hotəl]
motel	motel	[motəl]
three-star (~ hotel)	drie-ster	[dri-stər]

five-star	vyf-ster	[fajf-stər]
to stay (in a hotel, etc.)	oornag	[oərnaχ]
room	kamer	[kamər]
single room	enkelkamer	[ɛnkəl·kamər]
double room	dubbelkamer	[dubbəl·kamər]
half board	met aandete, bed en ontbyt	[met āndetə], [bet en ontbajt]
full board	volle losies	[follə losis]
with bath	met bad	[met bat]
with shower	met stortbad	[met stort·bat]
satellite television	satelliet-TV	[satɛllit-te·fe]
air-conditioner	lugversorger	[luχfersorχər]
towel	handdoek	[handduk]
key	sleutel	[sløətəl]
administrator	bestuurder	[bestɪrdər]
chambermaid	kamermeisie	[kamər·mæjsi]
porter	hoteljoggie	[hotəl·joχi]
doorman	portier	[portir]
restaurant	restaurant	[restɔurant]
pub, bar	kroeg	[kruχ]
breakfast	ontbyt	[ontbajt]
dinner	aandete	[āndetə]
buffet	buffetete	[buffetetə]
lobby	voorportaal	[foər·portāl]
lift	hysbak	[hajsbak]
DO NOT DISTURB	MOENIE STEUR NIE	[muni støər ni]
NO SMOKING	ROOK VERBODE	[roək ferbodə]

TECHNICAL EQUIPMENT. TRANSPORT

Technical equipment

101. Computer

computer	rekenaar	[rekənār]
notebook, laptop	skootrekenaar	[skoət·rekənār]
to turn on	aanskakel	[āŋskakəl]
to turn off	afskakel	[afskakəl]
keyboard	toetsbord	[tuts·bort]
key	toets	[tuts]
mouse	muis	[mœis]
mouse mat	muismatjie	[mœis·maki]
button	knop	[knop]
cursor	loper	[lopər]
monitor	monitor	[monitor]
screen	skerm	[skerm]
hard disk	harde skyf	[hardə skajf]
hard disk capacity	harde skyf se vermoë	[hardə skajf sə fermoɛ]
memory	geheue	[χəhøə]
random access memory	RAM-geheue	[ram·χehɔə]
file	lêer	[lɛər]
folder	gids	[χids]
to open (vt)	oopmaak	[oəpmāk]
to close (vt)	sluit	[slœit]
to save (vt)	bewaar	[bevār]
to delete (vt)	uitvee	[œitfeə]
to copy (vt)	kopieer	[kopir]
to sort (vt)	sorteer	[sorteər]
to transfer (copy)	oorplaas	[oərplās]
programme	program	[proχram]
software	sagteware	[saχtevarə]
programmer	programmeur	[proχrammøər]
to program (vt)	programmeer	[proχrammeər]
hacker	kuberkraker	[kubər·krakər]
password	wagwoord	[vaχ·woərt]
virus	virus	[firus]
to find, to detect	opspoor	[opspoər]
byte	greep	[χreəp]

93

megabyte	megagreep	[meχaχreəp]
data	data	[data]
database	databasis	[data·basis]

cable (USB, etc.)	kabel	[kabəl]
to disconnect (vt)	ontkoppel	[ontkoppəl]
to connect (sth to sth)	konnekteer	[konnekteər]

102. Internet. E-mail

Internet	internet	[internet]
browser	webblaaier	[veb·blājer]
search engine	soekenjin	[suk·ɛndʒin]
provider	verskaffer	[ferskaffər]

webmaster	webmeester	[veb·meəstər]
website	webwerf	[veb·werf]
web page	webblad	[veb·blat]

| address (e-mail ~) | adres | [adres] |
| address book | adresboek | [adres·buk] |

postbox	posbus	[pos·bus]
post	pos	[pos]
full (adj)	vol	[fol]

message	boodskap	[boədskap]
incoming messages	inkomende boodskappe	[inkomendə boədskappə]
outgoing messages	uitgaande boodskappe	[œitχāndə boədskappə]

sender	sender	[sendər]
to send (vt)	verstuur	[ferstɪr]
sending (of mail)	versending	[fersendiŋ]

| receiver | ontvanger | [ontfaŋər] |
| to receive (vt) | ontvang | [ontfaŋ] |

| correspondence | korrespondensie | [korrespondɛnsi] |
| to correspond (vi) | korrespondeer | [korrespondeər] |

file	lêer	[lɛər]
to download (vt)	aflaai	[aflāi]
to create (vt)	skep	[skep]
to delete (vt)	uitvee	[œitfeə]
deleted (adj)	uitgevee	[œitχefeə]

connection (ADSL, etc.)	konneksie	[konneksi]
speed	spoed	[sput]
modem	modem	[modem]
access	toegang	[tuχaŋ]
port (e.g. input ~)	portaal	[portāl]

| connection (make a ~) | aansluiting | [ānslœitiŋ] |
| to connect to … (vi) | aansluit by … | [ānslœit baj …] |

| to select (vt) | kies | [kis] |
| to search (for ...) | soek | [suk] |

103. Electricity

electricity	elektrisiteit	[ɛlektrisitæjt]
electric, electrical (adj)	elektries	[ɛlektris]
electric power station	kragstasie	[kraχ·stasi]
energy	krag	[kraχ]
electric power	elektriese krag	[ɛlektrisə kraχ]

light bulb	gloeilamp	[χlui·lamp]
torch	flits	[flits]
street light	straatlig	[strãtləχ]

light	lig	[liχ]
to turn on	aanskakel	[ãŋskakəl]
to turn off	afskakel	[afskakəl]
to turn off the light	die lig afskakel	[di liχ afskakəl]

to burn out (vi)	doodbrand	[doədbrant]
short circuit	kortsluiting	[kort·slœitiŋ]
broken wire	gebreekte kabel	[χebreəktə kabəl]
contact (electrical ~)	kontak	[kontak]

light switch	ligskakelaar	[liχ·skakelãr]
socket outlet	muurprop	[mɪrprop]
plug	prop	[prop]
extension lead	verlengkabel	[ferleŋ·kabəl]

fuse	sekering	[sekəriŋ]
cable, wire	kabel	[ĸabəl]
wiring	bedrading	[bedradiŋ]

ampere	ampère	[ampɛːr]
amperage	stroomsterkte	[stroəm·sterktə]
volt	volt	[folt]
voltage	spanning	[spanniŋ]

| electrical device | elektriese toestel | [ɛlektrisə tustəl] |
| indicator | aanduier | [ãndœiər] |

electrician	elektrisiën	[ɛlektrisiɛn]
to solder (vt)	soldeer	[soldeər]
soldering iron	soldeerbout	[soldeər·bæʊt]
electric current	elektriese stroom	[ɛlektrisə stroəm]

104. Tools

tool, instrument	werktuig	[verktœiχ]
tools	gereedskap	[χereədskap]
equipment (factory ~)	toerusting	[turustiŋ]

English	Afrikaans	Pronunciation
hammer	hamer	[hamər]
screwdriver	skroewedraaier	[skruvə·drājer]
axe	byl	[bajl]
saw	saag	[sāχ]
to saw (vt)	saag	[sāχ]
plane (tool)	skaaf	[skāf]
to plane (vt)	skaaf	[skāf]
soldering iron	soldeerbout	[soldeər·bæut]
to solder (vt)	soldeer	[soldeər]
file (tool)	vyl	[fajl]
carpenter pincers	knyptang	[knajptaŋ]
combination pliers	tang	[taŋ]
chisel	beitel	[bæjtəl]
drill bit	boor	[boər]
electric drill	elektriese boor	[ɛlektrisə boər]
to drill (vi, vt)	boor	[boər]
knife	mes	[mes]
pocket knife	sakmes	[sakmes]
blade	lem	[lem]
sharp (blade, etc.)	skerp	[skerp]
dull, blunt (adj)	stomp	[stomp]
to get blunt (dull)	stomp raak	[stomp rāk]
to sharpen (vt)	slyp	[slajp]
bolt	bout	[bæut]
nut	moer	[mur]
thread (of a screw)	draad	[drāt]
wood screw	houtskroef	[hæut·skruf]
nail	spyker	[spajkər]
nailhead	kop	[kop]
ruler (for measuring)	meetlat	[meətlat]
tape measure	meetband	[meət·bant]
spirit level	waterpas	[vatərpas]
magnifying glass	vergrootglas	[ferχroət·χlas]
measuring instrument	meetinstrument	[meət·instrument]
to measure (vt)	meet	[meət]
scale (temperature ~, etc.)	skaal	[skāl]
readings	lesings	[lesiŋs]
compressor	kompressor	[komprɛssor]
microscope	mikroskoop	[mikroskoəp]
pump (e.g. water ~)	pomp	[pomp]
robot	robot	[robot]
laser	laser	[lasər]
spanner	moersleutel	[mur·sløətəl]
adhesive tape	plakband	[plak·bant]

glue	gom	[χom]
sandpaper	skuurpapier	[skɪrˑpapir]
spring	veer	[feər]
magnet	magneet	[maχneət]
gloves	handskoene	[handskunə]

rope	tou	[tæʊ]
cord	tou	[tæʊ]
wire (e.g. telephone ~)	draad	[drãt]
cable	kabel	[kabəl]

sledgehammer	voorhamer	[foərˑhamər]
prybar	breekyster	[breəkajstər]
ladder	leer	[leər]
stepladder	trapleer	[trapleər]

to screw (tighten)	vasskroef	[fasskruf]
to unscrew (lid, filter, etc.)	losskroef	[losskruf]
to tighten (e.g. with a clamp)	saampars	[sãmpars]
to glue, to stick	vasplak	[fasplak]
to cut (vt)	sny	[snaj]

malfunction (fault)	fout	[fæʊt]
repair (mending)	herstelwerk	[herstəlˑwerk]
to repair, to fix (vt)	herstel	[herstəl]
to adjust (machine, etc.)	stel	[stəl]

to check (to examine)	nagaan	[naχãn]
checking	kontrole	[kontrolə]
readings	lesings	[lesiŋs]

| reliable, solid (machine) | betroubaar | [betræʊbãr] |
| complex (adj) | ingewikkelde | [inχəwikkɛldə] |

to rust (get rusted)	roes	[rus]
rusty (adj)	verroes	[ferrus]
rust	roes	[rus]

Transport

105. Aeroplane

English	Afrikaans	Pronunciation
aeroplane	vliegtuig	[flixtœix]
air ticket	lugkaartjie	[lux·kārki]
airline	lugredery	[luxrederaj]
airport	lughawe	[luxhavə]
supersonic (adj)	supersonies	[supersonis]
captain	kaptein	[kaptæjn]
crew	bemanning	[bemanniŋ]
pilot	piloot	[piloət]
stewardess	lugwaardin	[lux·wārdin]
navigator	navigator	[nafixator]
wings	vlerke	[flerkə]
tail	stert	[stert]
cockpit	stuurkajuit	[stɪr·kajœit]
engine	enjin	[ɛndʒin]
undercarriage (landing gear)	landingstel	[landiŋ·stəl]
turbine	turbine	[turbinə]
propeller	skroef	[skruf]
black box	swart boks	[swart boks]
yoke (control column)	stuurstang	[stɪr·staŋ]
fuel	brandstof	[brantstof]
safety card	veiligheidskaart	[fæjlixæjts·kārt]
oxygen mask	suurstofmasker	[sɪrstof·maskər]
uniform	uniform	[uniform]
lifejacket	reddingsbaadjie	[rɛddiŋs·bādʒi]
parachute	valskerm	[fal·skerm]
takeoff	opstyging	[opstajxiŋ]
to take off (vi)	opstyg	[opstajx]
runway	landingsbaan	[landiŋs·bān]
visibility	uitsig	[œitsəx]
flight (act of flying)	vlug	[flux]
altitude	hoogte	[hoəxtə]
air pocket	lugsak	[luxsak]
seat	sitplek	[sitplek]
headphones	koptelefoon	[kop·telefoən]
folding tray (tray table)	voutafeltjie	[fæu·tafɛlki]
airplane window	vliegtuigvenster	[flixtœix·fɛŋstər]
aisle	paadjie	[pādʒi]

106. Train

train	trein	[træjn]
commuter train	voorstedelike trein	[foərstedelikə træjn]
express train	sneltrein	[snɛl·træjn]
diesel locomotive	diesellokomotief	[disəl·lokomotif]
steam locomotive	stoomlokomotief	[stoəm·lokomotif]

| coach, carriage | passasierswa | [passasirs·wa] |
| buffet car | eetwa | [eət·wa] |

rails	spoorstawe	[spoər·stavə]
railway	spoorweg	[spoər·weχ]
sleeper (track support)	dwarslêer	[dwarslɛər]

platform (railway ~)	perron	[perron]
platform (~ 1, 2, etc.)	spoor	[spoər]
semaphore	semafoor	[semafoər]
station	stasie	[stasi]

train driver	treindrywer	[træjn·drajvər]
porter (of luggage)	portier	[portir]
carriage attendant	kondukteur	[konduktøər]
passenger	passasier	[passasir]
ticket inspector	kondukteur	[konduktøər]

| corridor (in train) | gang | [χaŋ] |
| emergency brake | noodrem | [noədrem] |

compartment	kompartiment	[kompartiment]
berth	bed	[bet]
upper berth	boonste bed	[boəŋstə bet]
lower berth	onderste bed	[ondərsto bet]
bed linen, bedding	beddegoed	[beddə·χut]

ticket	kaartjie	[kārki]
timetable	diensrooster	[diŋs·roəstər]
information display	informasiebord	[informasi·bort]

to leave, to depart	vertrek	[fertrek]
departure (of a train)	vertrek	[fertrek]
to arrive (ab. train)	aankom	[ānkom]
arrival	aankoms	[ānkoms]

to arrive by train	aankom per trein	[ānkom pər træjn]
to get on the train	in die trein klim	[in di træjn klim]
to get off the train	uit die trein klim	[œit di træjn klim]

| train crash | treinbotsing | [træjn·botsiŋ] |
| to derail (vi) | ontspoor | [ontspoər] |

steam locomotive	stoomlokomotief	[stoəm·lokomotif]
stoker, fireman	stoker	[stokər]
firebox	stookplek	[stoəkplek]
coal	steenkool	[steən·koəl]

107. Ship

ship	skip	[skip]
vessel	vaartuig	[fɑ̄rtœiχ]
steamship	stoomboot	[stoəm·boət]
riverboat	rivierboot	[rifir·boət]
cruise ship	toerskip	[tur·skip]
cruiser	kruiser	[krœisər]
yacht	jag	[jaχ]
tugboat	sleepboot	[sleəp·boət]
barge	vragskuit	[fraχ·skœit]
ferry	veerboot	[feər·boət]
sailing ship	seilskip	[sæjl·skip]
brigantine	skoenerbrik	[skunər·brik]
ice breaker	ysbreker	[ajs·brekər]
submarine	duikboot	[dœik·boət]
boat (flat-bottomed ~)	roeiboot	[ruiboət]
dinghy (lifeboat)	bootjie	[boəki]
lifeboat	reddingsboot	[rɛddiŋs·boət]
motorboat	motorboot	[motor·boət]
captain	kaptein	[kaptæjn]
seaman	seeman	[seəman]
sailor	matroos	[matroəs]
crew	bemanning	[bemanniŋ]
boatswain	bootsman	[boətsman]
ship's boy	skeepsjonge	[skeəps·joŋə]
cook	kok	[kok]
ship's doctor	skeepsdokter	[skeəps·doktər]
deck	dek	[dek]
mast	mas	[mas]
sail	seil	[sæjl]
hold	skeepsruim	[skeəps·rœim]
bow (prow)	boeg	[buχ]
stern	agterstewe	[aχtərstevə]
oar	roeispaan	[ruis·pān]
screw propeller	skroef	[skruf]
cabin	kajuit	[kajœit]
wardroom	offisierskajuit	[offisirs·kajœit]
engine room	enjinkamer	[endʒin·kamər]
bridge	brug	[bruχ]
radio room	radiokamer	[radio·kamər]
wave (radio)	golf	[χolf]
logbook	logboek	[loχbuk]
spyglass	verkyker	[ferkajkər]
bell	bel	[bəl]

English	Afrikaans	IPA
flag	vlag	[flaχ]
hawser (mooring ~)	kabel	[kabəl]
knot (bowline, etc.)	knoop	[knoəp]
deckrails	dekleuning	[dek·løəniŋ]
gangway	gangplank	[χaŋ·plank]
anchor	anker	[ankər]
to weigh anchor	anker lig	[ankər ləχ]
to drop anchor	anker uitgooi	[ankər œitχoj]
anchor chain	ankerketting	[ankər·kɛttiŋ]
port (harbour)	hawe	[havə]
quay, wharf	kaai	[kāi]
to berth (moor)	vasmeer	[fasmeər]
to cast off	vertrek	[fertrek]
trip, voyage	reis	[ræjs]
cruise (sea trip)	cruise	[kru:s]
course (route)	koers	[kurs]
route (itinerary)	roete	[rutə]
fairway (safe water channel)	vaarwater	[fār·vatər]
shallows	sandbank	[sand·bank]
to run aground	strand	[strant]
storm	storm	[storm]
signal	sienjaal	[sinjāl]
to sink (vi)	sink	[sink]
Man overboard!	Man oorboord!	[man oərboərd!]
SOS (distress signal)	SOS	[sos]
ring buoy	reddingsboei	[rɛddiŋs·bui]

108. Airport

English	Afrikaans	IPA
airport	lughawe	[luχhavə]
aeroplane	vliegtuig	[flixtœix]
airline	lugredery	[luχrederaj]
air traffic controller	lugverkeersleier	[luχ·ferkeərs·læjer]
departure	vertrek	[fertrek]
arrival	aankoms	[ānkoms]
to arrive (by plane)	aankom	[ānkom]
departure time	vertrektyd	[fertrək·tajt]
arrival time	aankomstyd	[ānkoms·tajt]
to be delayed	vertraag wees	[fertrāχ veəs]
flight delay	vlugvertraging	[fluχ·fertraχiŋ]
information board	informasiebord	[informasi·bort]
information	informasie	[informasi]
to announce (vt)	aankondig	[ānkondəχ]
flight (e.g. next ~)	vlug	[fluχ]

| customs | doeane | [duanə] |
| customs officer | doeanebeampte | [duanə·beamptə] |

customs declaration	doeaneverklaring	[duanə·ferklariŋ]
to fill in (vt)	invul	[inful]
passport control	paspoortkontrole	[paspoərt·kontrolə]

luggage	bagasie	[baχasi]
hand luggage	handbagasie	[hand·baχasi]
luggage trolley	bagasiekarretjie	[baχasi·karrəki]

landing	landing	[landiŋ]
landing strip	landingsbaan	[landiŋs·bān]
to land (vi)	land	[lant]
airstair (passenger stair)	vliegtuigtrap	[fliχtœiχ·trap]

check-in	na die vertrektoonbank	[na di fertrək·toənbank]
check-in counter	vertrektoonbank	[fertrək·toənbank]
to check-in (vi)	na die vertrektoonbank gaan	[na di fertrək·toənbank χān]
boarding card	instapkaart	[instap·kārt]
departure gate	vertrekuitgang	[fertrek·œitχaŋ]

transit	transito	[traŋsito]
to wait (vt)	wag	[vaχ]
departure lounge	vertreksaal	[fertrək·sāl]
to see off	afsien	[afsin]
to say goodbye	afskeid neem	[afskæjt neəm]

Life events

109. Holidays. Event

celebration, holiday	partytjie	[partajki]
national day	nasionale dag	[naʃionalə daχ]
public holiday	openbare vakansiedag	[openbare fakaŋsi·daχ]
to commemorate (vt)	herdenk	[herdenk]
event (happening)	gebeurtenis	[χebøərtenis]
event (organized activity)	gebeurtenis	[χebøərtenis]
banquet (party)	banket	[banket]
reception (formal party)	onthaal	[onthãl]
feast	feesmaal	[feəs·mãl]
anniversary	verjaardag	[ferjãr·daχ]
jubilee	jubileum	[jubiløəm]
to celebrate (vt)	vier	[fir]
New Year	Nuwejaar	[nuvejãr]
Happy New Year!	Voorspoedige Nuwejaar	[foərspudiχə nuvejãr]
Father Christmas	Kersvader	[kers·fadər]
Christmas	Kersfees	[kersfeəs]
Merry Christmas!	Geseënde Kersfees	[χeseɛndə kersfeɛs]
Christmas tree	Kersboom	[kers·boəm]
fireworks (fireworks show)	vuurwerk	[fɪrwerk]
wedding	bruilof	[brœilof]
groom	bruidegom	[brœidəχom]
bride	bruid	[brœit]
to invite (vt)	uitnooi	[œitnoj]
invitation card	uitnodiging	[œitnodəχiŋ]
guest	gas	[χas]
to visit (~ your parents, etc.)	besoek	[besuk]
to meet the guests	die gaste ontmoet	[di χastə ontmut]
gift, present	present	[present]
to give (sth as present)	gee	[χeə]
to receive gifts	presente ontvang	[presentə ontfaŋ]
bouquet (of flowers)	boeket	[buket]
congratulations	gelukwense	[χelukwɛŋsə]
to congratulate (vt)	gelukwens	[χelukwɛŋs]
greetings card	geleentheidskaartjie	[χeleenthæjts·kãrki]
toast	heildronk	[hæjldronk]
to offer (a drink, etc.)	aanbied	[ãnbit]

champagne	sjampanje	[ʃampanje]
to enjoy oneself	jouself geniet	[jæusɛlf χenit]
merriment (gaiety)	pret	[pret]
joy (emotion)	vreugde	[frøəχdə]

| dance | dans | [daŋs] |
| to dance (vi, vt) | dans | [daŋs] |

| waltz | wals | [vals] |
| tango | tango | [tanχo] |

110. Funerals. Burial

cemetery	begraafplaas	[beχrāf·plās]
grave, tomb	graf	[χraf]
cross	kruis	[krœis]
gravestone	grafsteen	[χrafsteən]
fence	heining	[hæjniŋ]
chapel	kapel	[kapəl]

death	dood	[doət]
to die (vi)	doodgaan	[doədχān]
the deceased	oorledene	[oərledenə]
mourning	rou	[ræʊ]

to bury (vt)	begrawe	[beχravə]
undertakers	begrafnisonderneming	[beχrafnis·ondərnemiŋ]
funeral	begrafnis	[beχrafnis]

wreath	krans	[kraŋs]
coffin	doodskis	[doədskis]
hearse	lykswa	[lajks·wa]
shroud	lykkleed	[lajk·kleət]

funeral procession	begrafnisstoet	[beχrafnis·stut]
funerary urn	urn	[urn]
crematorium	krematorium	[krematorium]

obituary	doodsberig	[doəds·berəχ]
to cry (weep)	huil	[hœil]
to sob (vi)	snik	[snik]

111. War. Soldiers

platoon	peleton	[peleton]
company	kompanie	[kompani]
regiment	regiment	[reχiment]
army	leër	[leɛr]
division	divisie	[difisi]

| section, squad | afdeling | [afdeliŋ] |
| host (army) | leërskare | [leɛrskarə] |

| soldier | soldaat | [soldɑ̃t] |
| officer | offisier | [offisir] |

private	soldaat	[soldɑ̃t]
sergeant	sersant	[sersant]
lieutenant	luitenant	[lœitənant]
captain	kaptein	[kaptæjn]
major	majoor	[majoər]
colonel	kolonel	[kolonəl]
general	generaal	[χenerɑ̃l]

sailor	matroos	[matroəs]
captain	kaptein	[kaptæjn]
boatswain	bootsman	[boətsman]

artilleryman	artilleris	[artilleris]
paratrooper	valskermsoldaat	[falskerm·soldɑ̃t]
pilot	piloot	[piloət]
navigator	navigator	[nafiχator]
mechanic	werktuigkundige	[verktœiχ·kundiχə]

pioneer (sapper)	sappeur	[sappøər]
parachutist	valskermspringer	[falskerm·sprinjər]
reconnaissance scout	verkenner	[ferkɛnnər]
sniper	skerpskut	[skerp·skut]

patrol (group)	patrollie	[patrolli]
to patrol (vt)	patrolleer	[patrolleər]
sentry, guard	wag	[vaχ]

warrior	vegter	[feχtər]
patriot	patriot	[patriot]
hero	held	[hɛlt]
heroine	heldin	[hɛldin]

| traitor | verraaier | [ferrɑ̃jer] |
| to betray (vt) | verraai | [ferrɑ̃i] |

| deserter | droster | [drostər] |
| to desert (vi) | dros | [dros] |

mercenary	huursoldaat	[hɪr·soldɑ̃t]
recruit	rekruteer	[rekruteər]
volunteer	vrywilliger	[frajvilliχər]

dead (n)	dooie	[dojə]
wounded (n)	gewonde	[χevondə]
prisoner of war	krygsgevangene	[krajχs·χefanjənə]

112. War. Military actions. Part 1

war	oorlog	[oərloχ]
to be at war	oorlog voer	[oərloχ fur]
civil war	burgeroorlog	[burgər·oərloχ]

treacherously (adv)	valslik	[falslik]
declaration of war	oorlogsverklaring	[oərloχs·ferklariŋ]
to declare (~ war)	oorlog verklaar	[oərloχ ferklãr]
aggression	aggressie	[aχrɛssi]
to attack (invade)	aanval	[ãnfal]
to invade (vt)	binneval	[binnəfal]
invader	binnevaller	[binnəfallər]
conqueror	veroweraar	[feroverãr]
defence	verdediging	[ferdedəχiŋ]
to defend (a country, etc.)	verdedig	[ferdedəχ]
to defend (against …)	jouself verdedig	[jæʊsɛlf ferdedəχ]
enemy	vyand	[fajant]
foe, adversary	teëstander	[teɛstandər]
enemy (as adj)	vyandig	[fajandəχ]
strategy	strategie	[strateχi]
tactics	taktiek	[taktik]
order	bevel	[befəl]
command (order)	bevel	[befəl]
to order (vt)	beveel	[befeəl]
mission	opdrag	[opdraχ]
secret (adj)	geheim	[χəhæjm]
battle	veldslag	[fɛltslaχ]
combat	geveg	[χefeχ]
attack	aanval	[ãnfal]
charge (assault)	bestorming	[bestormiŋ]
to storm (vt)	bestorm	[bestorm]
siege (to be under ~)	beleg	[beleχ]
offensive (n)	aanval	[ãnfal]
to go on the offensive	tot die offensief oorgaan	[tot di offɛŋsif oərχãn]
retreat	terugtrekking	[teruχ·trɛkkiŋ]
to retreat (vi)	terugtrek	[teruχtrek]
encirclement	omsingeling	[omsinχəliŋ]
to encircle (vt)	omsingel	[omsiŋəl]
bombing (by aircraft)	bombardement	[bombardement]
to bomb (vt)	bombardeer	[bombardeər]
explosion	ontploffing	[ontploffiŋ]
shot	skoot	[skoət]
firing (burst of ~)	skiet	[skit]
to aim (to point a weapon)	mik op	[mik op]
to point (a gun)	rig	[riχ]
to hit (the target)	tref	[tref]
to sink (~ a ship)	sink	[sink]
hole (in a ship)	gat	[χat]

to founder, to sink (vi)	sink	[siŋk]
front (war ~)	front	[front]
evacuation	evakuasie	[ɛfakuasi]
to evacuate (vt)	evakueer	[ɛfakueər]

trench	loopgraaf	[loəpχrāf]
barbed wire	doringdraad	[doriŋ·drāt]
barrier (anti tank ~)	versperring	[fersperriŋ]
watchtower	wagtoring	[vaχ·toriŋ]

military hospital	militêre hospitaal	[militærə hospitāl]
to wound (vt)	wond	[vont]
wound	wond	[vont]
wounded (n)	gewonde	[χevondə]
to be wounded	gewond	[χevont]
serious (wound)	ernstig	[ɛrnstəχ]

113. War. Military actions. Part 2

captivity	gevangenskap	[χefaŋənskap]
to take captive	gevange neem	[χefaŋə neəm]
to be held captive	in gevangenskap wees	[in χefaŋənskap veəs]
to be taken captive	in gevangenskap geneem word	[in χefaŋənskap χeneəm vort]

concentration camp	konsentrasiekamp	[kɔŋsentrasi·kamp]
prisoner of war	krygsgevangene	[krajχs·χefaŋənə]
to escape (vi)	ontsnap	[ontsnap]

to betray (vt)	verraai	[ferrāi]
betrayer	verraaier	[ferrājer]
betrayal	verraad	[ferrāt]

to execute (by firing squad)	eksekuteer	[ɛksekuteər]
execution (by firing squad)	eksekusie	[ɛksekusi]

equipment (military gear)	toerusting	[turustiŋ]
shoulder board	skouerstrook	[skæʋer·stroək]
gas mask	gasmasker	[χas·maskər]

field radio	veldradio	[fɛlt·radio]
cipher, code	geheime kode	[χəhæjmə kodə]
secrecy	geheimhouding	[χəhæjm·hæʋdiŋ]
password	wagwoord	[vaχ·woərt]

land mine	landmyn	[land·majn]
to mine (road, etc.)	bemyn	[bemajn]
minefield	mynveld	[majn·fɛlt]

air-raid warning	lugalarm	[luχ·alarm]
alarm (alert signal)	alarm	[alarm]
signal	sienjaal	[sinjāl]
signal flare	fakkel	[fakkel]
headquarters	hoofkwartier	[hoəf·kwartir]

English	Afrikaans	Pronunciation
reconnaissance	verkenningstog	[ferkɛnniŋs·tox]
situation	toestand	[tustant]
report	verslag	[ferslax]
ambush	hinderlaag	[hindər·lāx]
reinforcement (army)	versterking	[ferstərkiŋ]
target	doel	[dul]
training area	proefterrein	[pruf·terræjn]
military exercise	militêre oefening	[militærə ufeniŋ]
panic	paniek	[panik]
devastation	verwoesting	[ferwustiŋ]
destruction, ruins	verwoesting	[ferwustiŋ]
to destroy (vt)	verwoes	[ferwus]
to survive (vi, vt)	oorleef	[oərleəf]
to disarm (vt)	ontwapen	[ontvapen]
to handle (~ a gun)	hanteer	[hanteər]
Attention!	Aandag!	[āndax!]
At ease!	Op die plek rus!	[op di plek rus!]
feat, act of courage	heldedaad	[hɛldə·dāt]
oath (vow)	eed	[eət]
to swear (an oath)	sweer	[sweər]
decoration (medal, etc.)	dekorasie	[dekorasiə]
to award (give a medal to)	toeken	[tuken]
medal	medalje	[medaljə]
order (e.g. ~ of Merit)	orde	[ordə]
victory	oorwinning	[oərwinniŋ]
defeat	nederlaag	[nedərlāx]
armistice	wapenstilstand	[vapɛn·stilstant]
standard (battle flag)	vaandel	[fāndəl]
glory (honour, fame)	roem	[rum]
parade	parade	[paradə]
to march (on parade)	marseer	[marseər]

114. Weapons

English	Afrikaans	Pronunciation
weapons	wapens	[vapɛns]
firearms	vuurwapens	[fɪr·vapɛns]
cold weapons (knives, etc.)	messe	[mɛssə]
chemical weapons	chemiese wapens	[xemisə vapɛns]
nuclear (adj)	kern-	[kern-]
nuclear weapons	kernwapens	[kern·vapɛns]
bomb	bom	[bom]
atomic bomb	atoombom	[atoəm·bom]
pistol (gun)	pistool	[pistoəl]
rifle	geweer	[xeveər]

submachine gun	aanvalsgeweer	[ānvals·χeveər]
machine gun	masjiengeweer	[maʃin·χeveər]
muzzle	loop	[loəp]
barrel	loop	[loəp]
calibre	kaliber	[kalibər]
trigger	sneller	[snɛllər]
sight (aiming device)	visier	[fisir]
magazine	magasyn	[maχasajn]
butt (shoulder stock)	kolf	[kolf]
hand grenade	handgranaat	[hand·χranāt]
explosive	springstof	[spriŋstof]
bullet	koeël	[kuɛl]
cartridge	patroon	[patroən]
charge	lading	[ladiŋ]
ammunition	ammunisie	[ammunisi]
bomber (aircraft)	bomwerper	[bom·werpər]
fighter	straalvegter	[strāl·feχtər]
helicopter	helikopter	[helikoptər]
anti-aircraft gun	lugafweer	[luχafweər]
tank	tenk	[tɛnk]
tank gun	tenkkanon	[tɛnk·kanon]
artillery	artillerie	[artilleri]
gun (cannon, howitzer)	kanon	[kanon]
to lay (a gun)	aanlê	[ānlɛ:]
shell (projectile)	projektiel	[projɛktil]
mortar bomb	mortierbom	[mortir·bom]
mortar	mortier	[mortir]
splinter (shell fragment)	skrapnel	[skrapnəl]
submarine	duikboot	[dœik·boət]
torpedo	torpedo	[torpedo]
missile	vuurpyl	[fɪr·pajl]
to load (gun)	laai	[lāi]
to shoot (vi)	skiet	[skit]
to point at (the cannon)	rig op	[riχ op]
bayonet	bajonet	[bajonet]
rapier	rapier	[rapir]
sabre (e.g. cavalry ~)	sabel	[sabəl]
spear (weapon)	spies	[spis]
bow	boog	[boəχ]
arrow	pyl	[pajl]
musket	musket	[musket]
crossbow	kruisboog	[krœis·boəχ]

115. Ancient people

primitive (prehistoric)	primitief	[primitif]
prehistoric (adj)	prehistories	[prehistoris]
ancient (~ civilization)	antiek	[antik]
Stone Age	Steentydperk	[steən·tajtperk]
Bronze Age	Bronstydperk	[brɔŋs·tajtperk]
Ice Age	Ystydperk	[ajs·tajtperk]
tribe	stam	[stam]
cannibal	mensvreter	[mɛŋs·fretər]
hunter	jagter	[jaχtər]
to hunt (vi, vt)	jag	[jaχ]
mammoth	mammoet	[mammut]
cave	grot	[χrot]
fire	vuur	[fɪr]
campfire	kampvuur	[kampfɪr]
cave painting	rotstekening	[rots·tekəniŋ]
tool (e.g. stone axe)	werktuig	[verktœiχ]
spear	spies	[spis]
stone axe	klipbyl	[klip·bajl]
to be at war	oorlog voer	[oərloχ fur]
to domesticate (vt)	tem	[tem]
idol	afgod	[afχot]
to worship (vt)	aanbid	[ānbit]
superstition	bygeloof	[bajχəloəf]
rite	ritueel	[ritueəl]
evolution	evolusie	[ɛfolusi]
development	ontwikkeling	[ontwikkeliŋ]
disappearance (extinction)	verdwyning	[ferdwajniŋ]
to adapt oneself	jou aanpas	[jæʊ ānpas]
archaeology	argeologie	[arχeoloχi]
archaeologist	argeoloog	[arχeoloəχ]
archaeological (adj)	argeologies	[arχeoloχis]
excavation site	opgrawingsplek	[opχraviŋs·plek]
excavations	opgrawingsplekke	[opχraviŋs·plɛkkə]
find (object)	vonds	[fonds]
fragment	fragment	[fraχment]

116. Middle Ages

people (ethnic group)	volk	[folk]
peoples	bevolking	[bəfolkiŋ]
tribe	stam	[stam]
tribes	stamme	[stammə]
barbarians	barbare	[barbarə]

Gauls	Galliërs	[ɣalliɛrs]
Goths	Gote	[ɣote]
Slavs	Slawe	[slavə]
Vikings	Vikings	[vikiŋs]

| Romans | Romeine | [romæjnə] |
| Roman (adj) | Romeins | [romæjns] |

Byzantines	Bisantyne	[bisantajnə]
Byzantium	Bisantium	[bisantium]
Byzantine (adj)	Bisantyns	[bisantajns]

emperor	keiser	[kæjsər]
leader, chief (tribal ~)	leier	[læjer]
powerful (~ king)	magtig	[maχtəχ]
king	koning	[koniŋ]
ruler (sovereign)	heerser	[heərsər]

knight	ridder	[riddər]
feudal lord	feodale heerser	[feodalə heərsər]
feudal (adj)	feodaal	[feodāl]
vassal	vasal	[fasal]

duke	hertog	[hertoχ]
earl	graaf	[χrāf]
baron	baron	[baron]
bishop	biskop	[biskop]

armour	harnas	[harnas]
shield	skild	[skilt]
sword	swaard	[swārt]
visor	visier	[fisir]
chainmail	maliehomp	[mali·hemp]

| Crusade | Kruistog | [krœis·toχ] |
| crusader | kruisvaarder | [krœis·fārdər] |

territory	gebied	[χebit]
to attack (invade)	aanval	[ānfal]
to conquer (vt)	verower	[ferovər]
to occupy (invade)	beset	[beset]

siege (to be under ~)	beleg	[beleχ]
besieged (adj)	beleërde	[beleɛrdə]
to besiege (vt)	beleër	[beleɛr]

inquisition	inkwisisie	[inkvisisi]
inquisitor	inkwisiteur	[inkvisitœr]
torture	marteling	[martəliŋ]
cruel (adj)	wreed	[vreət]
heretic	ketter	[kɛttər]
heresy	kettery	[kɛtteraj]

seafaring	seevaart	[seə·fārt]
pirate	piraat, seerower	[pirāt], [seə·rovər]
piracy	piratery, seerowery	[pirateraj], [seə·roveraj]

boarding (attack)	enter	[ɛntər]
loot, booty	buit	[bœit]
treasure	skatte	[skattə]

discovery	ontdekking	[ontdɛkkiŋ]
to discover (new land, etc.)	ontdek	[ontdek]
expedition	ekspedisie	[ɛkspedisi]

musketeer	musketier	[musketir]
cardinal	kardinaal	[kardinãl]
heraldry	heraldiek	[heraldik]
heraldic (adj)	heraldies	[heraldis]

117. Leader. Chief. Authorities

king	koning	[koniŋ]
queen	koningin	[koniŋin]
royal (adj)	koninklik	[koninklik]
kingdom	koninkryk	[koninkrajk]

| prince | prins | [prins] |
| princess | prinses | [prinsəs] |

president	president	[president]
vice-president	vise-president	[fise-president]
senator	senator	[senator]

monarch	monarg	[monarχ]
ruler (sovereign)	heerser	[heersər]
dictator	diktator	[diktator]
tyrant	tiran	[tiran]
magnate	magnaat	[maχnãt]

director	direkteur	[direktøər]
chief	baas	[bãs]
manager (director)	bestuurder	[bestɪrdər]
boss	baas	[bãs]
owner	eienaar	[æjenãr]

leader	leier	[læjer]
head (~ of delegation)	hoof	[hoəf]
authorities	outoriteite	[æutoritæjtə]
superiors	hoofde	[hoəfdə]

governor	goewerneur	[χuvernøər]
consul	konsul	[kɔŋsul]
diplomat	diplomaat	[diplomãt]
mayor	burgermeester	[burgər·meəstər]
sheriff	sheriff	[sheriff]

emperor	keiser	[kæjsər]
tsar, czar	tsaar	[tsãr]
pharaoh	farao	[farao]
khan	kan	[kan]

118. Breaking the law. Criminals. Part 1

bandit	bandiet	[bandit]
crime	misdaad	[misdāt]
criminal (person)	misdadiger	[misdadiχər]
thief	dief	[dif]
to steal (vi, vt)	steel	[steəl]
stealing (larceny)	steel	[steəl]
theft	diefstal	[difstal]
to kidnap (vt)	ontvoer	[ontfur]
kidnapping	ontvoering	[ontfuriŋ]
kidnapper	ontvoerder	[ontfurdər]
ransom	losgeld	[losχɛlt]
to demand ransom	losgeld eis	[losχɛlt æjs]
to rob (vt)	besteel	[bestəəl]
robbery	oorval	[oərfal]
robber	boef	[buf]
to extort (vt)	afpers	[afpers]
extortionist	afperser	[afpersər]
extortion	afpersing	[afpersiŋ]
to murder, to kill	vermoor	[fermoər]
murder	moord	[moərt]
murderer	moordenaar	[moərdenār]
gunshot	skoot	[skoət]
to shoot to death	doodskiet	[doədskit]
to shoot (vi)	skiet	[skit]
shooting	skietery	[skiteraj]
incident (fight, etc.)	insident	[insident]
fight, brawl	geveg	[χefeχ]
Help!	Help!	[hɛlp!]
victim	slagoffer	[slaχoffər]
to damage (vt)	beskadig	[beskadəχ]
damage	skade	[skadə]
dead body, corpse	lyk	[lajk]
grave (~ crime)	ernstig	[ɛrnstəχ]
to attack (vt)	aanval	[ānfal]
to beat (to hit)	slaan	[slān]
to beat up	platslaan	[platslān]
to take (rob of sth)	vat	[fat]
to stab to death	doodsteek	[doədsteək]
to maim (vt)	vermink	[fermink]
to wound (vt)	wond	[vont]
blackmail	afpersing	[afpersiŋ]
to blackmail (vt)	afpers	[afpers]

blackmailer	afperser	[afpersər]
protection racket	beskermingswendelary	[beskermiŋ·swendəlaraj]
racketeer	afperser	[afpersər]
gangster	boef	[buf]
mafia	mafia	[mafia]

pickpocket	sakkeroller	[sakkerollər]
burglar	inbreker	[inbrekər]
smuggling	smokkel	[smokkəl]
smuggler	smokkelaar	[smokkəlār]

forgery	vervalsing	[ferfalsiŋ]
to forge (counterfeit)	verval	[ferfal]
fake (forged)	vals	[fals]

119. Breaking the law. Criminals. Part 2

rape	verkragting	[ferkraχtiŋ]
to rape (vt)	verkrag	[ferkraχ]
rapist	verkragter	[ferkraχtər]
maniac	maniak	[maniak]

prostitute (fem.)	prostituut	[prostitɪt]
prostitution	prostitusie	[prostitusi]
pimp	pooier	[pojer]

| drug addict | dwelmslaaf | [dwɛlm·slāf] |
| drug dealer | dwelmhandelaar | [dwɛlm·handəlār] |

to blow up (bomb)	opblaas	[opblās]
explosion	ontploffing	[ontploffiŋ]
to set fire	aan die brand steek	[ān di brant steek]
arsonist	brandstigter	[brant·stiχtər]

terrorism	terrorisme	[terrorismə]
terrorist	terroris	[terroris]
hostage	gyselaar	[χajsəlār]

to swindle (deceive)	bedrieg	[bedrəχ]
swindle, deception	bedrog	[bedroχ]
swindler	bedrieër	[bedriɛr]

to bribe (vt)	omkoop	[omkoəp]
bribery	omkopery	[omkoperaj]
bribe	omkoopgeld	[omkoəp·χɛlt]

poison	gif	[χif]
to poison (vt)	vergiftig	[ferχiftəχ]
to poison oneself	jouself vergiftig	[jæʊsɛlf ferχiftəχ]

suicide (act)	selfmoord	[sɛlfmoərt]
suicide (person)	selfmoordenaar	[sɛlfmoərdenār]
to threaten (vt)	dreig	[dræjχ]
threat	dreigement	[dræjχement]

attempt (attack)	aanslag	[ãŋslaχ]
to steal (a car)	steel	[steəl]
to hijack (a plane)	kaap	[kãp]

| revenge | wraak | [vrãk] |
| to avenge (get revenge) | wreek | [vreək] |

to torture (vt)	martel	[martəl]
torture	marteling	[martəliŋ]
to torment (vt)	folter	[foltər]

pirate	piraat, seerower	[pirãt], [see·rovər]
hooligan	skollie	[skolli]
armed (adj)	gewapen	[χevapen]
violence	geweld	[χevɛlt]
illegal (unlawful)	onwettig	[onwɛttəχ]

| spying (espionage) | spioenasie | [spiunasi] |
| to spy (vi) | spioeneer | [spiuneər] |

120. Police. Law. Part 1

| justice | justisie | [jəstisi] |
| court (see you in ~) | geregshof | [χereχshof] |

judge	regter	[reχtər]
jurors	jurielede	[jurilede]
jury trial	jurieregspraak	[juri·reχsprãk]
to judge, to try (vt)	bereg	[bereχ]

lawyer, barrister	advokaat	[adfokãt]
defendant	beklaagde	[bɛklãχdə]
dock	beklaagdebank	[beklãχdə·bank]

| charge | aanklag | [ãnklaχ] |
| accused | beskuldigde | [beskuldiχdə] |

| sentence | vonnis | [fonnis] |
| to sentence (vt) | veroordeel | [feroərdeəl] |

guilty (culprit)	skuldig	[skuldəχ]
to punish (vt)	straf	[straf]
punishment	straf	[straf]

fine (penalty)	boete	[butə]
life imprisonment	lewenslange gevangenisstraf	[levɛŋslaŋə χefaŋənis·straf]
death penalty	doodstraf	[doədstraf]
electric chair	elektriese stoel	[ɛlektrisə stul]
gallows	galg	[χalχ]

to execute (vt)	eksekuteer	[ɛksekuteər]
execution	eksekusie	[ɛksekusi]
prison	tronk	[tronk]

cell	sel	[səl]
escort (convoy)	eskort	[ɛskort]
prison officer	tronkbewaarder	[tronk·bevārdər]
prisoner	gevangene	[χefaŋənə]
handcuffs	handboeie	[hant·buje]
to handcuff (vt)	in die boeie slaan	[in di buje slān]
prison break	ontsnapping	[ontsnappiŋ]
to break out (vi)	ontsnap	[ontsnap]
to disappear (vi)	verdwyn	[ferdwajn]
to release (from prison)	vrylaat	[frajlāt]
amnesty	amnestie	[amnesti]
police	polisie	[polisi]
police officer	polisieman	[polisi·man]
police station	polisiestasie	[polisi·stasi]
truncheon	knuppel	[knuppəl]
megaphone (loudhailer)	megafoon	[meχafoən]
patrol car	patrolliemotor	[patrolli·motor]
siren	sirene	[sirenə]
to turn on the siren	die sirene aanskakel	[di sirenə āŋskakəl]
siren call	sirenegeloei	[sirenə·χelui]
crime scene	misdaadtoneel	[misdād·toneəl]
witness	getuie	[χetœiə]
freedom	vryheid	[frajhæjt]
accomplice	medepligtige	[medə·pliχtiχə]
to flee (vi)	ontvlug	[ontfluχ]
trace (to leave a ~)	spoor	[spoər]

121. Police. Law. Part 2

search (investigation)	soektog	[suktoχ]
to look for ...	soek ...	[suk ...]
suspicion	verdenking	[ferdɛnkiŋ]
suspicious (e.g., ~ vehicle)	verdag	[ferdaχ]
to stop (cause to halt)	teëhou	[teɛhæʊ]
to detain (keep in custody)	aanhou	[ānhæʊ]
case (lawsuit)	hofsaak	[hofsāk]
investigation	ondersoek	[ondərsuk]
detective	speurder	[spøərdər]
investigator	speurder	[spøərdər]
hypothesis	hipotese	[hipotesə]
motive	motief	[motif]
interrogation	ondervraging	[ondərfraχiŋ]
to interrogate (vt)	ondervra	[ondərfra]
to question (~ neighbors, etc.)	verhoor	[ferhoər]
check (identity ~)	kontroleer	[kontroleər]
round-up (raid)	klopjag	[klopjaχ]

search (~ warrant)	huissoeking	[hœis·sukiŋ]
chase (pursuit)	agtervolging	[aχtərfolχiŋ]
to pursue, to chase	agtervolg	[aχtərfolχ]
to track (a criminal)	opspoor	[opspoər]
arrest	inhegtenisneming	[inheχtenis·nemiŋ]
to arrest (sb)	arresteer	[arresteər]
to catch (thief, etc.)	vang	[faŋ]
capture	opsporing	[opsporiŋ]
document	dokument	[dokument]
proof (evidence)	bewys	[bevajs]
to prove (vt)	bewys	[bevajs]
footprint	voetspoor	[futspoər]
fingerprints	vingerafdrukke	[fiŋər·afdrukkə]
piece of evidence	bewysstuk	[bevajs·stuk]
alibi	alibi	[alibi]
innocent (not guilty)	onskuldig	[ɔŋskuldəχ]
injustice	onreg	[onreχ]
unjust, unfair (adj)	onregverdig	[onreχferdəχ]
criminal (adj)	krimineel	[krimineəl]
to confiscate (vt)	in beslag neem	[in beslaχ neəm]
drug (illegal substance)	dwelm	[dwɛlm]
weapon, gun	wapen	[vapen]
to disarm (vt)	ontwapen	[ontvapen]
to order (command)	beveel	[befeəl]
to disappear (vi)	verdwyn	[ferdwajn]
law	wet	[vet]
legal, lawful (adj)	wettig	[vɛttəχ]
illegal, illicit (adj)	onwettig	[onwɛttəχ]
responsibility (blame)	verantwoordelikheid	[ferant·voərdelikhæjt]
responsible (adj)	verantwoordelik	[ferant·voərdelik]

NATURE

The Earth. Part 1

122. Outer space

space	kosmos	[kosmos]
space (as adj)	kosmies	[kosmis]
outer space	buitenste ruimte	[bœitɛŋstə rajmtə]
world	wêreld	[værɛlt]
universe	heelal	[heəlal]
galaxy	sterrestelsel	[sterrə·stɛlsəl]
star	ster	[ster]
constellation	sterrebeeld	[sterrə·beəlt]
planet	planeet	[planeət]
satellite	satelliet	[satɛllit]
meteorite	meteoriet	[meteorit]
comet	komeet	[komeət]
asteroid	asteroïed	[asteroïət]
orbit	baan	[bān]
to revolve	draai	[drāi]
(~ around the Earth)		
atmosphere	atmosfeer	[atmosfeər]
the Sun	die Son	[di son]
solar system	sonnestelsel	[sonnə·stɛlsəl]
solar eclipse	sonsverduistering	[sɔŋs·ferdœisteriŋ]
the Earth	die Aarde	[di ārdə]
the Moon	die Maan	[di mān]
Mars	Mars	[mars]
Venus	Venus	[fenus]
Jupiter	Jupiter	[jupitər]
Saturn	Saturnus	[saturnus]
Mercury	Mercurius	[merkurius]
Uranus	Uranus	[uranus]
Neptune	Neptunus	[neptunus]
Pluto	Pluto	[pluto]
Milky Way	Melkweg	[melk·weχ]
Great Bear (Ursa Major)	Groot Beer	[χroət beər]
North Star	Poolster	[poəl·stər]
Martian	marsbewoner	[mars·bevonər]

T&P Books. Theme-based dictionary British English-Afrikaans - 5000 words

extraterrestrial (n)	buiteaardse wese	[bœeitə·ārdsə vesə]
alien	ruimtewese	[rœimtə·vesə]
flying saucer	vlieënde skottel	[fliɛndə skottəl]

spaceship	ruimteskip	[rœimtə·skip]
space station	ruimtestasie	[rœimtə·stasi]
blast-off	vertrek	[fertrek]

engine	enjin	[ɛndʒin]
nozzle	uitlaatpyp	[œitlāt·pajp]
fuel	brandstof	[brantstof]

cockpit, flight deck	stuurkajuit	[stɪr·kajœit]
aerial	lugdraad	[luχdrāt]
porthole	patryspoort	[patrajs·poərt]
solar panel	sonpaneel	[son·paneəl]
spacesuit	ruimtepak	[rœimtə·pak]

| weightlessness | gewigloosheid | [χeviχloəshæjt] |
| oxygen | suurstof | [sɪrstof] |

| docking (in space) | koppeling | [koppeliŋ] |
| to dock (vi, vt) | koppel | [koppəl] |

observatory	observatorium	[observatorium]
telescope	teleskoop	[teleskoəp]
to observe (vt)	waarneem	[vārneəm]
to explore (vt)	eksploreer	[ɛksploreər]

123. The Earth

the Earth	die Aarde	[dl āɪdə]
the globe (the Earth)	die aardbol	[di ārdbol]
planet	planeet	[planeət]

atmosphere	atmosfeer	[atmosfeər]
geography	geografie	[χeoχrafi]
nature	natuur	[natɪr]

globe (table ~)	aardbol	[ārd·bol]
map	kaart	[kārt]
atlas	atlas	[atlas]

Europe	Europa	[øəropa]
Asia	Asië	[asiɛ]
Africa	Afrika	[afrika]
Australia	Australië	[ɔustraliɛ]

America	Amerika	[amerika]
North America	Noord-Amerika	[noərd-amerika]
South America	Suid-Amerika	[sœid-amerika]

| Antarctica | Suidpool | [sœid·poəl] |
| the Arctic | Noordpool | [noərd·poəl] |

124. Cardinal directions

north	noorde	[noərdə]
to the north	na die noorde	[na di noərdə]
in the north	in die noorde	[in di noərdə]
northern (adj)	noordelik	[noərdəlik]
south	suide	[sœidə]
to the south	na die suide	[na di sœidə]
in the south	in die suide	[in di sœidə]
southern (adj)	suidelik	[sœidəlik]
west	weste	[vestə]
to the west	na die weste	[na di vestə]
in the west	in die weste	[in di vestə]
western (adj)	westelik	[vestelik]
east	ooste	[oəstə]
to the east	na die ooste	[na di oəstə]
in the east	in die ooste	[in di oəstə]
eastern (adj)	oostelik	[oəstəlik]

125. Sea. Ocean

sea	see	[seə]
ocean	oseaan	[oseãn]
gulf (bay)	golf	[χolf]
straits	straat	[strãt]
land (solid ground)	land	[lant]
continent (mainland)	kontinent	[kontinent]
island	eiland	[æjlant]
peninsula	skiereiland	[skir·æjlant]
archipelago	argipel	[arχipəl]
bay, cove	baai	[bāi]
harbour	hawe	[havə]
lagoon	strandmeer	[strand·meər]
cape	kaap	[kāp]
atoll	atol	[atol]
reef	rif	[rif]
coral	koraal	[korāl]
coral reef	koraalrif	[korāl·rif]
deep (adj)	diep	[dip]
depth (deep water)	diepte	[diptə]
abyss	afgrond	[afχront]
trench (e.g. Mariana ~)	trog	[troχ]
current (Ocean ~)	stroming	[stromiŋ]
to surround (bathe)	omring	[omriŋ]

shore	oewer	[uvər]
coast	kus	[kus]
flow (flood tide)	hoogwater	[hoəx·vatər]
ebb (ebb tide)	laagwater	[lāx·vatər]
shoal	sandbank	[sand·bank]
bottom (~ of the sea)	bodem	[bodem]
wave	golf	[χolf]
crest (~ of a wave)	kruin	[krœin]
spume (sea foam)	skuim	[skœim]
storm (sea storm)	storm	[storm]
hurricane	orkaan	[orkān]
tsunami	tsunami	[tsunami]
calm (dead ~)	windstilte	[vindstiltə]
quiet, calm (adj)	kalm	[kalm]
pole	pool	[poəl]
polar (adj)	polêr	[polær]
latitude	breedtegraad	[breədtə·χrāt]
longitude	lengtegraad	[leŋtə·χrāt]
parallel	parallel	[paralləl]
equator	ewenaar	[ɛvenār]
sky	hemel	[heməl]
horizon	horison	[horison]
air	lug	[luχ]
lighthouse	vuurtoring	[fɪrtoriŋ]
to dive (vi)	duik	[dœik]
to sink (ab. boat)	sink	[sink]
treasure	skatte	[skattə]

126. Seas & Oceans names

Atlantic Ocean	Atlantiese oseaan	[atlantisə oseān]
Indian Ocean	Indiese Oseaan	[indisə oseān]
Pacific Ocean	Stille Oseaan	[stillə oseān]
Arctic Ocean	Noordelike Yssee	[noərdelikə ajs·seə]
Black Sea	Swart See	[swart seə]
Red Sea	Rooi See	[roj seə]
Yellow Sea	Geel See	[χeəl seə]
White Sea	Witsee	[vit·seə]
Caspian Sea	Kaspiese See	[kaspisə seə]
Dead Sea	Dooie See	[dojə seə]
Mediterranean Sea	Middellandse See	[middəllandsə seə]
Aegean Sea	Egeïese See	[ɛχejesə seə]
Adriatic Sea	Adriatiese See	[adriatisə seə]
Arabian Sea	Arabiese See	[arabisə seə]

Sea of Japan	Japanse See	[japaŋsə seə]
Bering Sea	Beringsee	[beriŋ·seə]
South China Sea	Suid-Sjinese See	[sœid-ʃinesə seə]

Coral Sea	Koraalsee	[korāl·seə]
Tasman Sea	Tasmansee	[tasmaŋ·seə]
Caribbean Sea	Karibiese See	[karibisə seə]

| Barents Sea | Barentssee | [barents·seə] |
| Kara Sea | Karasee | [kara·seə] |

North Sea	Noordsee	[noərd·seə]
Baltic Sea	Baltiese See	[baltisə seə]
Norwegian Sea	Noorse See	[noərsə seə]

127. Mountains

mountain	berg	[berχ]
mountain range	bergreeks	[berχ·reəks]
mountain ridge	bergrug	[berχ·ruχ]

summit, top	top	[top]
peak	piek	[pik]
foot (~ of the mountain)	voet	[fut]
slope (mountainside)	helling	[hɛlliŋ]

volcano	vulkaan	[fulkān]
active volcano	aktiewe vulkaan	[aktivə fulkān]
dormant volcano	rustende vulkaan	[rustendə fulkān]

eruption	uitbarsting	[œitbarstiŋ]
crater	krater	[kratər]
magma	magma	[maχma]
lava	lawa	[lava]
molten (~ lava)	gloeiende	[χlujendə]

canyon	diepkloof	[dip·kloəf]
gorge	kloof	[kloəf]
crevice	skeur	[skøər]
abyss (chasm)	afgrond	[afχront]

pass, col	bergpas	[berχ·pas]
plateau	plato	[plato]
cliff	krans	[kraŋs]
hill	kop	[kop]

glacier	gletser	[χletsər]
waterfall	waterval	[vatər·fal]
geyser	geiser	[χæjsər]
lake	meer	[meər]

plain	vlakte	[flaktə]
landscape	landskap	[landskap]
echo	eggo	[ɛχχo]

alpinist	alpinis	[alpinis]
rock climber	bergklimmer	[berx·klimmər]
to conquer (in climbing)	baasraak	[bāsrāk]
climb (an easy ~)	beklimming	[beklimmiŋ]

128. Mountains names

The Alps	die Alpe	[di alpə]
Mont Blanc	Mont Blanc	[mon blan]
The Pyrenees	die Pireneë	[di pirenɛɛ]

The Carpathians	die Karpate	[di karpatə]
The Ural Mountains	die Oeralgebergte	[di ural·xəberχtə]
The Caucasus Mountains	die Koukasus Gebergte	[di kæʊkasus χəberχtə]
Mount Elbrus	Elbroes	[ɛlbrus]

The Altai Mountains	die Altai-gebergte	[di altaj-χəberχtə]
The Tian Shan	die Tian Shan	[di tian ʃan]
The Pamirs	die Pamir	[di pamir]
The Himalayas	die Himalajas	[di himalajas]
Mount Everest	Everest	[ɛverest]

| The Andes | die Andes | [di andes] |
| Mount Kilimanjaro | Kilimanjaro | [kilimandʒaro] |

129. Rivers

river	rivier	[rifir]
spring (natural source)	bron	[bron]
riverbed (river channel)	rivierbed	[rifir·bet]
basin (river valley)	stroomgebied	[stroəm·χebit]
to flow into ...	uitmond in ...	[œitmont in ...]

| tributary | syrivier | [saj·rifir] |
| bank (river ~) | oewer | [uvər] |

current (stream)	stroming	[stromiŋ]
downstream (adv)	stroomafwaarts	[stroəm·afvārts]
upstream (adv)	stroomopwaarts	[stroəm·opvārts]

inundation	oorstroming	[oərstromiŋ]
flooding	oorstroming	[oərstromiŋ]
to overflow (vi)	oor sy walle loop	[oər saj vallə loəp]
to flood (vt)	oorstroom	[oərstroəm]

| shallow (shoal) | sandbank | [sand·bank] |
| rapids | stroomversnellings | [stroəm·fersnɛlliŋs] |

dam	damwal	[dam·wal]
canal	kanaal	[kanāl]
reservoir (artificial lake)	opgaardam	[opχār·dam]
sluice, lock	sluis	[slœis]

water body (pond, etc.)	dam	[dam]
swamp (marshland)	moeras	[muras]
bog, marsh	vlei	[flæj]
whirlpool	draaikolk	[drāj·kolk]
stream (brook)	spruit	[sprœit]
drinking (ab. water)	drink-	[drink-]
fresh (~ water)	vars	[fars]
ice	ys	[ajs]
to freeze over (ab. river, etc.)	bevries	[befris]

130. Rivers names

Seine	Seine	[sæjn]
Loire	Loire	[luaːr]
Thames	Teems	[tems]
Rhine	Ryn	[rajn]
Danube	Donau	[donɔu]
Volga	Wolga	[volga]
Don	Don	[don]
Lena	Lena	[lena]
Yellow River	Geel Rivier	[χeəl rifir]
Yangtze	Blou Rivier	[blæʊ rifir]
Mekong	Mekong	[mekoŋ]
Ganges	Ganges	[χaŋəs]
Nile River	Nyl	[najl]
Congo River	Kongorivier	[kongo·rifir]
Okavango River	Okavango	[okavango]
Zambezi River	Zambezi	[sambesi]
Limpopo River	Limpopo	[limpopo]
Mississippi River	Mississippi	[mississippi]

131. Forest

forest, wood	bos	[bos]
forest (as adj)	bos-	[bos-]
thick forest	woud	[væʊt]
grove	boord	[boərt]
forest clearing	oopte	[oəptə]
thicket	struikgewas	[strœik·χevas]
scrubland	struikveld	[strœik·fɛlt]
footpath (troddenpath)	paadjie	[pādʒi]
gully	donga	[donχa]
tree	boom	[boəm]

English	Afrikaans	Pronunciation
leaf	blaar	[blār]
leaves (foliage)	blare	[blarə]
fall of leaves	val van die blare	[fal fan di blarə]
to fall (ab. leaves)	val	[fal]
top (of the tree)	boomtop	[boəm·top]
branch	tak	[tak]
bough	tak	[tak]
bud (on shrub, tree)	knop	[knop]
needle (of the pine tree)	naald	[nālt]
fir cone	dennebol	[dɛnnə·bol]
tree hollow	holte	[holtə]
nest	nes	[nes]
burrow (animal hole)	gat	[χat]
trunk	stam	[stam]
root	wortel	[vortəl]
bark	bas	[bas]
moss	mos	[mos]
to uproot (remove trees or tree stumps)	ontwortel	[ontwortəl]
to chop down	omkap	[omkap]
to deforest (vt)	ontbos	[ontbos]
tree stump	boomstomp	[boəm·stomp]
campfire	kampvuur	[kampfɪr]
forest fire	bosbrand	[bos·brant]
to extinguish (vt)	blus	[blus]
forest ranger	boswagter	[bos·waχtər]
protection	beskerming	[bəskermiŋ]
to protect (~ nature)	beskerm	[beskerm]
poacher	wildstroper	[vilt·stropər]
steel trap	slagyster	[slaχ·ajstər]
to gather, to pick (vt)	pluk	[pluk]
to lose one's way	verdwaal	[ferdwāl]

132. Natural resources

natural resources	natuurlike bronne	[natɪrlikə bronnə]
minerals	minerale	[mineralə]
deposits	lae	[laə]
field (e.g. oilfield)	veld	[fɛlt]
to mine (extract)	myn	[majn]
mining (extraction)	myn	[majn]
ore	erts	[ɛrts]
mine (e.g. for coal)	myn	[majn]
shaft (mine ~)	mynskag	[majn·skaχ]
miner	mynwerker	[majn·werkər]

| gas (natural ~) | gas | [χas] |
| gas pipeline | gaspyp | [χas·pajp] |

oil (petroleum)	olie	[oli]
oil pipeline	olipypleiding	[oli·pajp·læjdiŋ]
oil well	oliebron	[oli·bron]
derrick (tower)	boortoring	[bœr·toriŋ]
tanker	tenkskip	[tɛnk·skip]

sand	sand	[sant]
limestone	kalksteen	[kalksteən]
gravel	gruis	[χrœis]
peat	veengrond	[feənχront]
clay	klei	[klæj]
coal	steenkool	[steən·koəl]

iron (ore)	yster	[ajstər]
gold	goud	[χæʊt]
silver	silwer	[silwər]
nickel	nikkel	[nikkəl]
copper	koper	[kopər]

zinc	sink	[sink]
manganese	mangaan	[manχãn]
mercury	kwik	[kwik]
lead	lood	[loət]

mineral	mineraal	[minerãl]
crystal	kristal	[kristal]
marble	marmer	[marmər]
uranium	uraan	[urãn]

The Earth. Part 2

133. Weather

English	Afrikaans	Pronunciation
weather	weer	[veər]
weather forecast	weersvoorspelling	[veərs·foərspɛllin]
temperature	temperatuur	[tɛmpəratɪr]
thermometer	termometer	[tɛrmometər]
barometer	barometer	[barometər]
humid (adj)	klam	[klam]
humidity	vogtigheid	[foχtiχæjt]
heat (extreme ~)	hitte	[hittə]
hot (torrid)	heet	[heət]
it's hot	dis vrekwarm	[dis frekvarm]
it's warm	dit is warm	[dit is varm]
warm (moderately hot)	louwarm	[læuvarm]
it's cold	dis koud	[dis kæut]
cold (adj)	koud	[kæut]
sun	son	[son]
to shine (vi)	skyn	[skajn]
sunny (day)	sonnig	[sonnəχ]
to come up (vi)	opkom	[opkom]
to set (vi)	ondergaan	[ondərχān]
cloud	wolk	[volk]
cloudy (adj)	bewolk	[bevolk]
rain cloud	reënwolk	[rɛɛn·wolk]
somber (gloomy)	somber	[sombər]
rain	reën	[rɛɛn]
it's raining	dit reën	[dit rɛɛn]
rainy (~ day, weather)	reënerig	[rɛɛnerəχ]
to drizzle (vi)	motreën	[motrɛɛn]
pouring rain	stortbui	[stortbœi]
downpour	reënvlaag	[rɛɛn·flāχ]
heavy (e.g. ~ rain)	swaar	[swār]
puddle	poeletjie	[puləki]
to get wet (in rain)	nat word	[nat vort]
fog (mist)	mis	[mis]
foggy	mistig	[mistəχ]
snow	sneeu	[sniu]
it's snowing	dit sneeu	[dit sniu]

134. Severe weather. Natural disasters

thunderstorm	donderstorm	[dondər·storm]
lightning (~ strike)	weerlig	[veərləχ]
to flash (vi)	flits	[flits]
thunder	donder	[dondər]
to thunder (vi)	donder	[dondər]
it's thundering	dit donder	[dit dondər]
hail	hael	[haəl]
it's hailing	dit hael	[dit haəl]
to flood (vt)	oorstroom	[oərstroəm]
flood, inundation	oorstroming	[oərstromiŋ]
earthquake	aardbewing	[ārd·beviŋ]
tremor, shoke	aardskok	[ārd·skok]
epicentre	episentrum	[ɛpisentrum]
eruption	uitbarsting	[œitbarstiŋ]
lava	lawa	[lava]
twister, tornado	tornado	[tornado]
typhoon	tifoon	[tifoən]
hurricane	orkaan	[orkān]
storm	storm	[storm]
tsunami	tsunami	[tsunami]
cyclone	sikloon	[sikloən]
bad weather	slegte weer	[sleχtə veər]
fire (accident)	brand	[brant]
disaster	ramp	[ramp]
meteorite	meteoriet	[meteorit]
avalanche	lawine	[lavinə]
snowslide	sneeulawine	[sniʊ·lavinə]
blizzard	sneeustorm	[sniʊ·storm]
snowstorm	sneeustorm	[sniʊ·storm]

Fauna

135. Mammals. Predators

predator	roofdier	[roəf·dir]
tiger	tier	[tir]
lion	leeu	[liʊ]
wolf	wolf	[volf]
fox	vos	[fos]
jaguar	jaguar	[jaχuar]
leopard	luiperd	[lœipert]
cheetah	jagluiperd	[jaχ·lœipert]
black panther	swart luiperd	[swart lœipert]
puma	poema	[puma]
snow leopard	sneeuluiperd	[sniʊ·lœipert]
lynx	los	[los]
coyote	prêriewolf	[præri·volf]
jackal	jakkals	[jakkals]
hyena	hiëna	[hiɛna]

136. Wild animals

animal	dier	[dir]
beast (animal)	beest	[beəst]
squirrel	eekhoring	[eəkhoriŋ]
hedgehog	krimpvarkie	[krimpfarki]
hare	hasie	[hasi]
rabbit	konyn	[konajn]
badger	das	[das]
raccoon	wasbeer	[vasbeər]
hamster	hamster	[hamstər]
marmot	marmot	[marmot]
mole	mol	[mol]
mouse	muis	[mœis]
rat	rot	[rot]
bat	vlermuis	[fler·mœis]
ermine	hermelyn	[hermələjn]
sable	sabel, sabeldier	[sabəl], [sabəl·dir]
marten	marter	[martər]
weasel	wesel	[vesəl]
mink	nerts	[nerts]

beaver	bewer	[bewər]
otter	otter	[ottər]
horse	perd	[pert]
moose	eland	[ɛlant]
deer	hert	[hert]
camel	kameel	[kameəl]
bison	bison	[bison]
wisent	wisent	[visent]
buffalo	buffel	[buffəl]
zebra	sebra, kwagga	[sebra], [kwaχχa]
antelope	wildsbok	[vilds·bok]
roe deer	reebok	[reəbok]
fallow deer	damhert	[damhert]
chamois	gems	[χems]
wild boar	wildevark	[vildə·fark]
whale	walvis	[valfis]
seal	seehond	[seə·hont]
walrus	walrus	[valrus]
fur seal	seebeer	[seə·beər]
dolphin	dolfyn	[dolfajn]
bear	beer	[beər]
polar bear	ysbeer	[ajs·beər]
panda	panda	[panda]
monkey	aap	[āp]
chimpanzee	sjimpansee	[ʃimpaŋseə]
orangutan	orangoetang	[oranχutaŋ]
gorilla	gorilla	[χorilla]
macaque	makaak	[makāk]
gibbon	gibbon	[χibbon]
elephant	olifant	[olifant]
rhinoceros	renoster	[renostər]
giraffe	kameelperd	[kameəl·pert]
hippopotamus	seekoei	[seə·kui]
kangaroo	kangaroe	[kanχaru]
koala (bear)	koala	[koala]
mongoose	muishond	[mœis·hont]
chinchilla	chinchilla, tjintjilla	[tʃin·tʃila]
skunk	stinkmuishond	[stinkmœis·hont]
porcupine	ystervark	[ajstər·fark]

137. Domestic animals

cat	kat	[kat]
tomcat	kater	[katər]
dog	hond	[hont]

horse	perd	[pert]
stallion (male horse)	hings	[hiŋs]
mare	merrie	[merri]
cow	koei	[kui]
bull	bul	[bul]
ox	os	[os]
sheep (ewe)	skaap	[skāp]
ram	ram	[ram]
goat	bok	[bok]
billy goat, he-goat	bokram	[bok·ram]
donkey	donkie, esel	[donki], [eisəl]
mule	muil	[mœil]
pig	vark	[fark]
piglet	varkie	[farki]
rabbit	konyn	[konajn]
hen (chicken)	hoender, hen	[hundər], [hen]
cock	haan	[hān]
duck	eend	[eent]
drake	mannetjieseend	[mannəkis·eent]
goose	gans	[χaŋs]
tom turkey, gobbler	kalkoenmannetjie	[kalkun·mannəki]
turkey (hen)	kalkoen	[kalkun]
domestic animals	huisdiere	[hœis·dirə]
tame (e.g. ~ hamster)	mak	[mak]
to tame (vt)	mak maak	[mak māk]
to breed (vt)	teel	[teəl]
farm	plaas	[plās]
poultry	pluimvee	[plœimfeə]
cattle	beeste	[beəstə]
herd (cattle)	kudde	[kuddə]
stable	stal	[stal]
pigsty	varkstal	[fark·stal]
cowshed	koeistal	[kui·stal]
rabbit hutch	konynehok	[konajnə·hok]
hen house	hoenderhok	[hundər·hok]

138. Birds

bird	voël	[foɛl]
pigeon	duif	[dœif]
sparrow	mossie	[mossi]
tit (great tit)	mees	[meəs]
magpie	ekster	[ɛkstər]
raven	raaf	[rāf]

crow	kraai	[krāi]
jackdaw	kerkkraai	[kerk·krāi]
rook	roek	[ruk]

duck	eend	[eent]
goose	gans	[χaŋs]
pheasant	fisant	[fisant]

eagle	arend	[arɛnt]
hawk	sperwer	[sperwər]
falcon	valk	[falk]
vulture	aasvoël	[āsfoɛl]
condor (Andean ~)	kondor	[kondor]

swan	swaan	[swān]
crane	kraanvoël	[krān·foɛl]
stork	ooievaar	[ojefār]

parrot	papegaai	[papəχāi]
hummingbird	kolibrie	[kolibri]
peacock	pou	[pæʊ]

ostrich	volstruis	[folstrœis]
heron	reier	[ræjer]
flamingo	flamink	[flamink]
pelican	pelikaan	[pelikān]

| nightingale | nagtegaal | [naχteχāl] |
| swallow | swael | [swaəl] |

thrush	lyster	[lajstər]
song thrush	sanglyster	[saŋlajstər]
blackbird	merel	[merəl]

swift	windswael	[vindswaəl]
lark	lewerik	[leverik]
quail	kwartel	[kwartəl]

woodpecker	speg	[speχ]
cuckoo	koekoek	[kukuk]
owl	uil	[œil]
eagle owl	ooruil	[oərœil]
wood grouse	auerhoen	[ɔuer·hun]
black grouse	korhoen	[korhun]
partridge	patrys	[patrajs]

starling	spreeu	[spriʊ]
canary	kanarie	[kanari]
hazel grouse	bonasa hoen	[bonasa hun]

| chaffinch | gryskoppie | [χrajskoppi] |
| bullfinch | bloedvink | [bludfink] |

seagull	seemeeu	[seəmiʊ]
albatross	albatros	[albatros]
penguin	pikkewyn	[pikkəvajn]

139. Fish. Marine animals

bream	brasem	[brasem]
carp	karp	[karp]
perch	baars	[bārs]
catfish	katvis, seebaber	[katfis], [seə·babər]
pike	snoek	[snuk]
salmon	salm	[salm]
sturgeon	steur	[støər]
herring	haring	[hariŋ]
Atlantic salmon	atlantiese salm	[atlantisə salm]
mackerel	makriel	[makril]
flatfish	platvis	[platfis]
zander, pike perch	varswatersnoek	[farswatər·snuk]
cod	kabeljou	[kabeljæʊ]
tuna	tuna	[tuna]
trout	forel	[forəl]
eel	paling	[paliŋ]
electric ray	drilvis	[drilfis]
moray eel	bontpaling	[bontpaliŋ]
piranha	piranha	[piranha]
shark	haai	[hāi]
dolphin	dolfyn	[dolfajn]
whale	walvis	[valfis]
crab	krap	[krap]
jellyfish	jellievis	[jelli·fis]
octopus	seekat	[seə·kat]
starfish	seester	[seə·stər]
sea urchin	see-egel, seekastaiing	[seə-eχel], [seə·kastajiŋ]
seahorse	seeperdjie	[seə·perdʒi]
oyster	oester	[ustər]
prawn	garnaal	[χarnāl]
lobster	kreef	[kreəf]
spiny lobster	seekreef	[seə·kreəf]

140. Amphibians. Reptiles

snake	slang	[slaŋ]
venomous (snake)	giftig	[χiftəχ]
viper	adder	[addər]
cobra	kobra	[kobra]
python	luislang	[lœislaŋ]
boa	boa, konstriktorslang	[boa], [kɔŋstriktor·slaŋ]
grass snake	ringslang	[riŋ·slaŋ]

| rattle snake | ratelslang | [ratəl·slaŋ] |
| anaconda | anakonda | [anakonda] |

lizard	akkedis	[akkedis]
iguana	leguaan	[leχuãn]
monitor lizard	likkewaan	[likkevãn]
salamander	salamander	[salamandər]
chameleon	verkleurmannetjie	[ferkløər·manneki]
scorpion	skerpioen	[skerpiun]

turtle	skilpad	[skilpat]
frog	padda	[padda]
toad	brulpadda	[brul·padda]
crocodile	krokodil	[krokodil]

141. Insects

insect	insek	[insek]
butterfly	skoenlapper	[skunlappər]
ant	mier	[mir]
fly	vlieg	[fliχ]
mosquito	muskiet	[muskit]
beetle	kewer	[kevər]

wasp	perdeby	[perdə·baj]
bee	by	[baj]
bumblebee	hommelby	[hommǝl·baj]
gadfly (botfly)	perdevlieg	[perdə·fliχ]

| spider | spinnekop | [spinnə·kop] |
| spider's web | spinnerak | [spinnə·rak] |

dragonfly	naaldekoker	[nãldə·kokər]
grasshopper	sprinkaan	[sprinkãn]
moth (night butterfly)	mot	[mot]

cockroach	kakkerlak	[kakkerlak]
tick	bosluis	[boslœis]
flea	vlooi	[floj]
midge	muggie	[muχχi]

locust	treksprinkhaan	[trek·sprinkhãn]
snail	slak	[slak]
cricket	kriek	[krik]
firefly	vuurvliegie	[fɪrfliχi]
ladybird	lieweheersbesie	[liveheərs·besi]
cockchafer	lentekewer	[lentekevər]

leech	bloedsuier	[blud·sœiər]
caterpillar	ruspe	[ruspə]
earthworm	erdwurm	[ɛrd·vurm]
larva	larwe	[larvə]

Flora

142. Trees

tree	boom	[boəm]
deciduous (adj)	bladwisselend	[bladwisselent]
coniferous (adj)	kegeldraend	[keχɛldraent]
evergreen (adj)	immergroen	[immərχrun]
apple tree	appelboom	[appɛl·boəm]
pear tree	peerboom	[peər·boəm]
cherry tree	kersieboom	[kersi·boəm]
sweet cherry tree	soetkersieboom	[sutkersi·boəm]
sour cherry tree	suurkersieboom	[sɪrkersi·boəm]
plum tree	pruimeboom	[prœimə·boəm]
birch	berk	[berk]
oak	eik	[æjk]
linden tree	lindeboom	[lində·boəm]
aspen	trilpopulier	[trilpopulir]
maple	esdoring	[ɛsdoriŋ]
spruce	spar	[spar]
pine	denneboom	[dɛnnə·boəm]
larch	lorkeboom	[lorkə·boəm]
fir tree	den	[dɛn]
cedar	seder	[sedər]
poplar	populier	[populir]
rowan	lysterbessie	[lajstərbɛssi]
willow	wilger	[vilχər]
alder	els	[ɛls]
beech	beuk	[bøək]
elm	olm	[olm]
ash (tree)	esboom	[ɛs·boəm]
chestnut	kastaiing	[kastajiŋ]
magnolia	magnolia	[maχnolia]
palm tree	palm	[palm]
cypress	sipres	[sipres]
mangrove	wortelboom	[vortəl·boəm]
baobab	kremetart	[kremetart]
eucalyptus	bloekom	[blukom]
sequoia	mammoetboom	[mammut·boəm]

143. Shrubs

bush	struik	[strœik]
shrub	bossie	[bossi]
grapevine	wingerdstok	[viŋərd·stok]
vineyard	wingerd	[viŋərt]
raspberry bush	framboosstruik	[frambœəs·strœik]
blackcurrant bush	swartbessiestruik	[swartbɛssi·strœik]
redcurrant bush	rooi aalbessiestruik	[roj ālbɛssi·strœik]
gooseberry bush	appelliefiestruik	[appɛllifi·strœik]
acacia	akasia	[akasia]
barberry	suurbessie	[sɪr·bɛssi]
jasmine	jasmyn	[jasmajn]
juniper	jenewer	[jenevər]
rosebush	roosstruik	[roəs·strœik]
dog rose	hondsroos	[honds·roəs]

144. Fruits. Berries

fruit	vrug	[fruχ]
fruits	vrugte	[fruχtə]
apple	appel	[appəl]
pear	peer	[peər]
plum	pruim	[prœim]
strawberry (garden ~)	aarbei	[ārbæj]
cherry	kersie	[kersi]
sour cherry	suurkersie	[sɪr·kersi]
sweet cherry	soetkersie	[sut·kersi]
grape	druif	[drœif]
raspberry	framboos	[frambœəs]
blackcurrant	swartbessie	[swartbɛssi]
redcurrant	rooi aalbessie	[roj ālbɛssi]
gooseberry	appelliefie	[appɛllifi]
cranberry	bosbessie	[bosbɛssi]
orange	lemoen	[lemun]
tangerine	nartjie	[narki]
pineapple	pynappel	[pajnappəl]
banana	piesang	[pisaŋ]
date	dadel	[dadəl]
lemon	suurlemoen	[sɪr·lemun]
apricot	appelkoos	[appɛlkoəs]
peach	perske	[perskə]
kiwi	kiwi, kiwivrug	[kivi], [kivi·fruχ]
grapefruit	pomelo	[pomelo]

berry	bessie	[bɛssi]
berries	bessies	[bɛssis]
cowberry	pryselbessie	[prajsɛlbɛssi]
wild strawberry	wilde aarbei	[vildə ārbæj]
bilberry	bloubessie	[blæubɛssi]

145. Flowers. Plants

| flower | blom | [blom] |
| bouquet (of flowers) | boeket | [buket] |

rose (flower)	roos	[roəs]
tulip	tulp	[tulp]
carnation	angelier	[anχəlir]
gladiolus	swaardlelie	[swārd·leli]

cornflower	koringblom	[koriŋblom]
harebell	grasklokkie	[χras·klokki]
dandelion	perdeblom	[perdə·blom]
camomile	kamille	[kamillə]

aloe	aalwyn	[ālwajn]
cactus	kaktus	[kaktus]
rubber plant, ficus	rubberplant	[rubbər·plant]

lily	lelie	[leli]
geranium	malva	[malfa]
hyacinth	hiasint	[hiasint]

mimosa	mimosa	[mimosa]
narcissus	narsing	[narsiŋ]
nasturtium	kappertjie	[kappərki]

orchid	orgidee	[orχideə]
peony	pinksterroos	[pinkstər·roəs]
violet	viooltjie	[fioəlki]

pansy	gesiggie	[χesiχi]
forget-me-not	vergeet-my-nietjie	[ferχeət-maj-niki]
daisy	madeliefie	[madelifi]

poppy	papawer	[papavər]
hemp	hennep	[hɛnnəp]
mint	kruisement	[krœisəment]

| lily of the valley | dallelie | [dalleli] |
| snowdrop | sneeuklokkie | [sniu·klokki] |

nettle	brandnetel	[brant·netəl]
sorrel	veldsuring	[fɛltsuriŋ]
water lily	waterlelie	[vatər·leli]
fern	varing	[fariŋ]
lichen	korsmos	[korsmos]
conservatory (greenhouse)	broeikas	[bruikas]

lawn	grasperk	[xras·perk]
flowerbed	blombed	[blom·bet]
plant	plant	[plant]
grass	gras	[xras]
blade of grass	grasspriet	[xras·sprit]
leaf	blaar	[blãr]
petal	kroonblaar	[kroən·blãr]
stem	stingel	[stiŋəl]
tuber	knol	[knol]
young plant (shoot)	saailing	[sãjliŋ]
thorn	doring	[doriŋ]
to blossom (vi)	bloei	[blui]
to fade, to wither	verlep	[ferlep]
smell (odour)	reuk	[røək]
to cut (flowers)	sny	[snaj]
to pick (a flower)	pluk	[pluk]

146. Cereals, grains

grain	graan	[xrãn]
cereal crops	graangewasse	[xrãn·xəwassə]
ear (of barley, etc.)	aar	[ãr]
wheat	koring	[koriŋ]
rye	rog	[rox]
oats	hawer	[havər]
millet	gierst	[xirst]
barley	gars	[xars]
maize	mielie	[mili]
rice	rys	[rajs]
buckwheat	bokwiet	[bokwit]
pea plant	ertjie	[ɛrki]
kidney bean	nierboon	[nir·boən]
soya	soja	[soja]
lentil	lensie	[lɛŋsi]
beans (pulse crops)	boontjies	[boənkis]

COUNTRIES. NATIONALITIES

147. Western Europe

| Europe | Europa | [øəropa] |
| European Union | Europese Unie | [øəropesə uni] |

Austria	Oostenryk	[oəstenrajk]
Great Britain	Groot-Brittanje	[χroət-brittanje]
England	Engeland	[ɛŋəlant]
Belgium	België	[belχiɛ]
Germany	Duitsland	[dœitslant]

Netherlands	Nederland	[nedərlant]
Holland	Holland	[hollant]
Greece	Griekeland	[χrikəlant]
Denmark	Denemarke	[denemarkə]
Ireland	Ierland	[irlant]
Iceland	Ysland	[ajslant]

Spain	Spanje	[spanje]
Italy	Italië	[italiɛ]
Cyprus	Ciprus	[siprus]
Malta	Malta	[malta]

Norway	Noorweë	[noərweɛ]
Portugal	Portugal	[portuχal]
Finland	Finland	[finlant]
France	Frankryk	[frankrajk]

Sweden	Swede	[swedə]
Switzerland	Switserland	[switsərlant]
Scotland	Skotland	[skotlant]

Vatican City	Vatikaan	[fatikãn]
Liechtenstein	Lichtenstein	[liχtɛŋstejn]
Luxembourg	Luksemburg	[luksemburχ]
Monaco	Monako	[monako]

148. Central and Eastern Europe

Albania	Albanië	[albaniɛ]
Bulgaria	Bulgarye	[bulχaraje]
Hungary	Hongarye	[honχaraje]
Latvia	Letland	[letlant]

| Lithuania | Litoue | [litæʊə] |
| Poland | Pole | [polə] |

Romania	Roemenië	[rumeniɛ]
Serbia	Serwië	[serwiɛ]
Slovakia	Slowakye	[slovakaje]

Croatia	Kroasië	[kroasiɛ]
Czech Republic	Tjeggië	[ʧeχiɛ]
Estonia	Estland	[ɛstlant]

Bosnia and Herzegovina	Bosnië & Herzegowina	[bosniɛ en hersegovina]
North Macedonia	Masedonië	[masedoniɛ]
Slovenia	Slovenië	[slofeniɛ]
Montenegro	Montenegro	[montənegro]

149. Former USSR countries

| Azerbaijan | Azerbeidjan | [azerbæjdjan] |
| Armenia | Armenië | [armeniɛ] |

Belarus	Belarus	[belarus]
Georgia	Georgië	[χeorχiɛ]
Kazakhstan	Kazakstan	[kasakstan]
Kirghizia	Kirgisië	[kirχisiɛ]
Moldova, Moldavia	Moldawië	[moldaviɛ]

| Russia | Rusland | [ruslant] |
| Ukraine | Oekraïne | [ukraïnə] |

Tajikistan	Tadjikistan	[tadʒikistan]
Turkmenistan	Turkmenistan	[turkmenistan]
Uzbekistan	Oezbekistan	[uzbekistan]

150. Asia

Asia	Asië	[asiɛ]
Vietnam	Viëtnam	[viɛtnam]
India	Indië	[indiɛ]
Israel	Israel	[israəl]

China	Sjina	[ʃina]
Lebanon	Libanon	[libanon]
Mongolia	Mongolië	[monχoliɛ]

| Malaysia | Maleisië | [malæjsiɛ] |
| Pakistan | Pakistan | [pakistan] |

Saudi Arabia	Saoedi-Arabië	[saudi-arabiɛ]
Thailand	Thailand	[tajlant]
Taiwan	Taiwan	[tajvan]
Turkey	Turkye	[turkaje]
Japan	Japan	[japan]
Afghanistan	Afghanistan	[afχanistan]
Bangladesh	Bangladesj	[bangladeʃ]

| Indonesia | Indonesië | [indonesiɛ] |
| Jordan | Jordanië | [jordaniɛ] |

Iraq	Irak	[irak]
Iran	Iran	[iran]
Cambodia	Kambodja	[kambodja]
Kuwait	Kuwait	[kuvajt]

Laos	Laos	[laos]
Myanmar	Myanmar	[mjanmar]
Nepal	Nepal	[nepal]
United Arab Emirates	Verenigde Arabiese Emirate	[ferenixdə arabisə emiratə]

| Syria | Sirië | [siriɛ] |
| Palestine | Palestina | [palestina] |

| South Korea | Suid-Korea | [sœid-korea] |
| North Korea | Noord-Korea | [noərd-korea] |

151. North America

United States of America	Verenigde State van Amerika	[ferenixdə statə fan amerika]
Canada	Kanada	[kanada]
Mexico	Meksiko	[meksiko]

152. Central and South America

Argentina	Argentinië	[arxentiniɛ]
Brazil	Brasilië	[brasiliɛ]
Colombia	Colombia, Kolombië	[kolombia], [kolombiɛ]

| Cuba | Kuba | [kuba] |
| Chile | Chili | [tʃili] |

| Bolivia | Bolivië | [boliviɛ] |
| Venezuela | Venezuela | [fenesuela] |

| Paraguay | Paraguay | [paragwaj] |
| Peru | Peru | [peru] |

Suriname	Suriname	[surinamə]
Uruguay	Uruguay	[urugwaj]
Ecuador	Ecuador	[ɛkuador]

| The Bahamas | die Bahamas | [di bahamas] |
| Haiti | Haïti | [haïti] |

Dominican Republic	Dominikaanse Republiek	[dominikānsə republik]
Panama	Panama	[panama]
Jamaica	Jamaika	[jamajka]

153. Africa

Egypt	**Egipte**	[ɛxiptə]
Morocco	**Marokko**	[marokko]
Tunisia	**Tunisië**	[tunisiɛ]
Ghana	**Ghana**	[xana]
Zanzibar	**Zanzibar**	[zanzibar]
Kenya	**Kenia**	[kenia]
Libya	**Libië**	[libiɛ]
Madagascar	**Madagaskar**	[madaxaskar]
Namibia	**Namibië**	[namibiɛ]
Senegal	**Senegal**	[senexal]
Tanzania	**Tanzanië**	[tansaniɛ]
South Africa	**Suid-Afrika**	[sœid-afrika]

154. Australia. Oceania

Australia	**Australië**	[ɔustraliɛ]
New Zealand	**Nieu-Seeland**	[niu-seəlant]
Tasmania	**Tasmanië**	[tasmaniɛ]
French Polynesia	**Frans-Polinesië**	[fraŋs-polinesiɛ]

155. Cities

Amsterdam	**Amsterdam**	[amsterdam]
Ankara	**Ankara**	[ankara]
Athens	**Athene**	[atene]
Baghdad	**Bagdad**	[baxdat]
Bangkok	**Bangkok**	[baŋkok]
Barcelona	**Barcelona**	[barselona]
Beijing	**Beijing**	[bæjdʒiŋ]
Beirut	**Beiroet**	[bæjrut]
Berlin	**Berlyn**	[berlæjn]
Mumbai (Bombay)	**Moembai**	[mumbaj]
Bonn	**Bonn**	[bonn]
Bordeaux	**Bordeaux**	[bordo:]
Bratislava	**Bratislava**	[bratislava]
Brussels	**Brussel**	[brussəl]
Bucharest	**Boekarest**	[bukarest]
Budapest	**Boedapest**	[budapest]
Cairo	**Cairo**	[kajro]
Kolkata (Calcutta)	**Kalkutta**	[kalkutta]
Chicago	**Chicago**	[ʃikago]
Copenhagen	**Kopenhagen**	[kopənxagen]
Dar-es-Salaam	**Dar-es-Salaam**	[dar-es-salãm]

T&P Books. Theme-based dictionary British English-Afrikaans - 5000 words

Delhi	Delhi	[deli]
Dubai	Dubai	[dubaj]
Dublin	Dublin	[dablin]
Düsseldorf	Dusseldorf	[dussɛldorf]

Florence	Florence	[florɛŋs]
Frankfurt	Frankfurt	[frankfurt]
Geneva	Genève	[dʒənɛːv]

The Hague	Den Haag	[den hāχ]
Hamburg	Hamburg	[hamburχ]
Hanoi	Hanoi	[hanoj]
Havana	Havana	[havana]
Helsinki	Helsinki	[hɛlsinki]
Hiroshima	Hiroshima	[hiroʃima]
Hong Kong	Hongkong	[hoŋkoŋ]

Istanbul	Istanbul	[istanbul]
Jerusalem	Jerusalem	[jerusalem]
Kyiv	Kiëf	[kiɛf]
Kuala Lumpur	Kuala Lumpur	[kuala lumpur]
Lisbon	Lissabon	[lissabon]
London	Londen	[londen]
Los Angeles	Los Angeles	[los andʒəles]
Lyons	Lyon	[lioŋ]

Madrid	Madrid	[madrit]
Marseille	Marseille	[marsæj]
Mexico City	Meksiko Stad	[meksiko stat]
Miami	Miami	[majami]
Montreal	Montreal	[montreal]
Moscow	Moskou	[moskæʊ]
Munich	München	[mønchen]

Nairobi	Nairobi	[najrobi]
Naples	Napels	[napɛls]
New York	New York	[nju jork]
Nice	Nice	[nis]
Oslo	Oslo	[oslo]
Ottawa	Ottawa	[ottava]

Paris	Parys	[parajs]
Prague	Praag	[prāχ]
Rio de Janeiro	Rio de Janeiro	[rio də janæjro]
Rome	Rome	[romə]

Saint Petersburg	Sint-Petersburg	[sint-petersburg]
Seoul	Seoel	[seul]
Shanghai	Shanghai	[ʃangaj]
Singapore	Singapore	[singaporə]
Stockholm	Stockholm	[stokχolm]
Sydney	Sydney	[sidni]

Taipei	Taipei	[tæjpæj]
Tokyo	Tokio	[tokio]
Toronto	Toronto	[toronto]

Venice	**Venesië**	[fenesiɛ]
Vienna	**Wene**	[venə]
Warsaw	**Warskou**	[varskæʊ]
Washington	**Washington**	[vaʃington]

www.ingramcontent.com/pod-product-compliance
Lightning Source LLC
Chambersburg PA
CBHW070559050426
42450CB00011B/2911